날마다 생각한 하느님

날마다 생각한 하느님

2012년 6월 4일 교회 인가
2012년 7월 31일 초판 1쇄 펴냄
2012년 12월 13일 개정 초판 1쇄 펴냄
2015년 5월 18일 개정 초판 3쇄 펴냄

지은이 · 조규만
펴낸이 · 염수정
펴낸곳 · 가톨릭출판사
편집 겸 인쇄인 · 홍성학
디자인 · 고연희

본사 · 서울특별시 중구 중림로 27
지사 · 경기도 고양시 일산동구 노첨길 65
등록 · 1958. 1. 16. 제2-314호
전자우편 · edit@catholicbook.kr
전화 · 1544-1886(대) / (02)6365-1888(영업국)
지로번호 · 3000997

ISBN 978-89-321-1290-9 03230

값 10,000원

ⓒ 가톨릭출판사, 2012

인터넷 가톨릭서점 http://www.catholicbook.kr
직영 매장: 명동대성당 (02)776-3601, 3602/ FAX (02)776-1019
　　　　　가톨릭회관 (02)777-2521/ FAX (02)777-2520
　　　　　서초동성당 (02)313-1886
　　　　　서울성모병원 (02)2258-6439, (02)534-1886/ FAX (02)392-9252
　　　　　절두산순교성지 (02)3141-1886/ FAX (02)3141-1886
　　　　　분당성요한성당 (031)707-4106
　　　　　미주지사 (323)734-3383/ FAX (323)734-3380

가톨릭의 모든 도서와 성물을 '인터넷 가톨릭서점'에서 만나 보실 수 있습니다.

성경 ⓒ 한국천주교중앙협의회, 2005

이 도서의 국립중앙도서관 출판예정도서목록(CIP)은 서지정보유통지원시스템 홈페이지(http://seoji.nl.go.kr)와 국가자료공동목록시스템(http://www.nl.go.kr/kolisnet)에서 이용하실 수 있습니다(CIP제어번호: CIP2013001424).

이 책은 저작권법에 의해 보호를 받는 저작물이므로 무단 전재와 무단 복제를 금합니다.

 사제 수품 30주년 기념 묵상집

조규만 지음

날마다 생각한 하느님

가톨릭출판사

차례

- **007** 하느님의 죽음
- **014** 사랑이신 하느님
- **021** 영원하신 하느님
- **030** 공평하신 하느님
- **037** 선하신 하느님
- **044** 아브라함의 하느님
- **051** 모세의 하느님
- **058** 예언자들의 하느님, 유일하신 하느님
- **066** 요나의 하느님
- **073** 창조의 하느님
- **081** 아버지 하느님
- **089** 성자 하느님(1)
- **098** 성자 하느님(2) 그리스도(메시아)
- **107** 성자 하느님(3) 사람의 아들 또는 인자(人子)
- **116** 성자 하느님(4) 하느님의 아들
- **122** 성자 하느님(5) 하느님의 말씀
- **130** 성자 하느님(6) 주님이신 예수 그리스도
- **135** 성령 하느님

142 창조하시는 하느님의 영
149 용서를 베푸시는 성령 하느님
157 삼위일체의 하느님
163 신약성경에 암시되어 있는 삼위일체의 하느님
175 포기할 수 없는 삼위일체 하느님 신앙
181 리처드 도킨스의 《만들어진 신》
189 《신의 언어》의 저자 프랜시스 S. 콜린스의 하느님
196 샤를 델레의 《소용없는 하느님》
201 앤터니 플루의 《존재하는 신》
207 차동엽 신부의 《잊혀진 질문》
219 신은 왜 자신의 존재를 똑똑히 드러내 보이지 않는가
229 신은 우주만물의 창조주라는데 무엇으로 증명할 수 있는가

01 하느님의 죽음

> "예수께서는 큰 소리를 지르시고 숨을 거두셨다. 그때 성전 휘장이 위에서 아래까지 두 폭으로 찢어졌다. 예수를 지켜보고 서 있던 백인대장이 예수께서 그렇게 소리를 지르고 숨을 거두시는 광경을 보고 '이 사람이야말로 정말 하느님의 아들이었구나!' 하고 말하였다."
>
> (마르 15,37-39)

'하느님'이라는 단어와 그 이미지가 언제 어떻게 내 머리 속에 자리 잡게 되었는지 기억하지 못합니다. 그러나 상당히 일찍 내 머리에 각인되었을 것으로 여겨집니다. 왜냐하면 어려서 세례를 받았기 때문입니다. 아마 나도 '엄마' '맘마' '찌찌' 등을 수도 없이 되풀이하며 가르치는 어머니와 주변 사람들 때문에 하나하나 낱말을 새기다가, 어느 날 '하느님'이라는 단어도 알게 되었을 것입니다.

초등학교 시절 금도끼와 은도끼를 나무꾼에게 준 산신령 이야기를 들으면서 하느님은 아마도 그 산신령과 비슷한 모습이었을 것이라 여겼습니다. 훗날 로마 시스티나 성당을 방문했을 때, 그 천정에 '천지창조'를 그린 미켈란젤로가 하느님을 할아버지의 모습으로 표현한 것을 보았습니다. 내가 생각했던 산신령보다는 더 근육질의 서양 할아버지라는 점만이 달랐습니다.

사실 '하느님'이라는 단어와 그 개념은 한 개인에게만이 아니라, 인류가 시작되면서부터 모든 사람들에게 중요한 개념입니다. '하느님'에 대한 물음은 동서고금을 막론하고 모든 인간으로부터 제기되어 온 원초적 질문이었습니다.

철학은 인간, 자연과 더불어 하느님을 중요한 주제로 삼아 왔습니다. 인간이 철학이라는 사유를 하기 이전부터 '하느님'은 신화(神話)라는 장르 속에서 다루어졌습니다. 중세 철학은 온통 '하느님'이 그 중심이었습니다. 과학이 그 첨단에 이르렀다는 오늘날에도 여전히 파악될 수 없는 하느님은 신비한 존재로 남아 있습니다.

그러나 과학과 기술이 고도로 발달한 오늘날에는 '하느님'이 소외되고 있습니다. 시쳇말로 '왕따' 당하고 계십니다. 과거에는 신학에서만이 아니라 일상사에서도 하느님이 중심이었는데 말입니다. 이제 현대인들에게는 '인간 자신'이 세계의 중심이 되고 있습니다. '하느님'이 '인간'에게 그 중심 자리를 빼앗기고 만 것입니다.

여기에는 여러 가지 원인이 있습니다. 교황 베네딕토 16세께서 일찍이 자신의 저서 《그리스도 신앙 – 어제와 오늘》에서 지적하신

십자가에 못 박히신 그리스도
디에고 벨라스케스(Diego Rodriguez de Silva Velazquez, 1599-1660)

바 있습니다. 하느님이 보이지 않고 만져지지 않는 존재라는 데 그 원인이 있다는 것입니다. 그러나 보이지 않고 만져지지 않는다는 이유로만 하느님이 부정되지는 않습니다.

또 하나의 원인이 있다면, 그것은 비신화화 작업일 것입니다. 일찍부터 사람들은 자신들의 한계를 느끼고는 태양에 빌고, 달에 빌고, 커다란 나무, 숲, 산에다 빌었습니다. 거기에 어떤 신성한 것이 깃들어 있고, 인간들보다 위대한 어떤 힘이 있을 거라고 믿었기 때문입니다.

그러나 과학과 기술은 그들의 믿음을 하나의 미신으로 밝혀냈습니다. 아니, 이미 창세기 작가는 일찍부터 태양도, 달도, 나무도 모두가 하느님이 지어낸 하나의 창조물이지 신성을 지닌 것은 아니라는 것을 밝혔습니다.

한걸음 더 나아가 과학과 기술은 태양과 달과 나무만이 아니라 거기에 깃들어 있다고 믿었던 신성 자체마저도 부정하였고, 인간이 발견해 낼 수 있고, 따라서 조정할 수 있는 하나의 자연법칙으로 전락시켜 버렸습니다. 인간이 무지했던 시절에 신비에 대한 미봉책으로 등장시켰던 하느님을 기각시켜 버린 것입니다.

아직은 신비이지만 과학과 기술이 좀 더 발전하면 밝혀낼 어떤 자연의 법칙을 하느님으로 둔갑시키지 말자는 견해는 정당합니다. 그러나 정당했던 비신화화 작업은 양파 껍질을 다 벗겨내며 속과 껍질을 구별하지 못하였고, 속마저 벗겨내다 보니 결국 아무것도 남기지 않은 형국이 되었습니다. 이제 양파 껍질을 다 벗겨내듯 하느님을 다 벗겨내고 난 후에는 인간만이 남아 있을 뿐이기 때문입니다.

여기에는 철학이 공조하였습니다. "나는 생각한다. 그러므로 나는 존재한다."고 한 데카르트의 명제는 근대 철학의 출발점입니다. 이 출발점에서 존재가 인간의 사유로부터 비롯되었다고 간주되기 시작했습니다. 이 명제에 힘입어 '신에 관한 의식은 인간의 자기의식이며, 신에 관한 지식은 인간 자신에 관한 지식'으로 이해되었습니다.

따라서 이제 "인간이 인간에게 신이다(Homo homini Deus est)."라는 포이에르바하의 명제가 진리로 여겨졌습니다. 결국 신은 인간이 생각으로 만들어낸 존재로 이해되기 시작한 것입니다. 이러한 인간의 자기 투사(포이에르바하), 환상(프로이드), 인간의 아편(칼 마르크스)인 종교, 특히 그리스도로부터 벗어나는 것이 참다운 해방으로 여겼습니다.

마침내 니체에 이르러 인간이 초인이 되기 위해서, 말하자면 신이 되기 위해서 신의 죽음을 선언하기에 이르렀습니다.

"우리는 그(하느님)를 죽였다. 우리 모두는 신의 살해자다. …… 이 행위의 크기는 우리에게 너무 크지 않은가? 이런 것에 합당하게 보이기 위해서라도 우리 자신이 신들이 되어야 할 것 아니겠는가? 이보다 더 위대한 행위는 전에 없었다. 신에게 영원한 안식을 …… 이

제 교회들은 신의 묘혈과 묘비가 아니면 도대체 무엇이겠는가?"

그렇지만 아직도 생각해 볼 것이 있습니다. 만일 하느님이 없다면, 죽었다면 우리는 무엇을 희망할 수 있을까? 이 세상은 과연 어떻게 될까? 만일 하느님이 계시지 않는다면, 그래서 죽은 다음 아무 것도 없다고 한다면, 아마도 욕심껏 자신만을 위해서 살아가는 것이 최선의 방식이요 가장 잘 살아가는 삶일 것입니다. 그렇다면 가장 힘이 있고 권력이 있는 사람이 가장 잘 사는 사람일 수 있습니다.

그렇다면 나는 가장 힘이 있는 사람일까? 가장 권력이 있는 사람일까? 아닙니다. 나보다도 힘이 있고 나보다도 더 권력이 있는 사람이 있습니다. 그렇다면 나는 그 사람의 수단과 방법으로 전락될 수 있습니다. 가장 보잘것없는 사람은 강한 사람이 이용하는 수단의 하나일 뿐입니다.

하느님이 없는 세상은 분명 약육강식의 세상이요, 약자의 인권은 보장될 수 없는 세상입니다. 분명 하느님이 없다면 인간은 서로에게 이용되는 하나의 수단일 수밖에 없습니다. 세상에 아직 도덕이 있고 인권이 있고 서로를 위한 봉사와 희생과 사랑이 있다면, 이는 분명 인간 이상의 어떤 존재가 실재하고 있음을 말하는 것이 아닐까요? 아직 우리가 약함에도 불구하고 희망하고 있다면, 하느님이 존재하시기 때문일 것입니다.

이런 이야기가 있습니다. 1968년 어느 날이었답니다. 프랑스 소르본느 대학 벽에 누군가가 "하느님은 죽었다."라는 문장 아래 '니체'의 이름을 적어 놓았답니다. 그런데 다음날 보니 그 밑에 다른 필체로 "니체는 죽었다"라는 문장과 '하느님'이라는 서명이 기록되어 있더랍니다. 있을법한 낙서입니다.

    과연 누가 죽었을까요? 하느님일까요? 니체일까요? 오늘의 우리는 잘 알고 있습니다, 누가 죽었는지를. 그렇습니다. 하느님의 아들 예수 그리스도께서 성 금요일에 돌아가셨다는 사실을 모르지 않습니다. 그러나 죽음으로 끝나지 않았다는 것도 알고 있습니다.

02 사랑이신 하느님

"사랑하는 이는 모두 하느님에게서 태어났으며 하느님을 압니다. 사랑하지 않는 사람은 하느님을 알지 못합니다. 하느님은 사랑이시기 때문입니다."(1요한 4,7-8)

   사실 수많은 사람이 사랑에 목을 매고 있습니다. 수많은 사람이 사랑을 외치고 있습니다. 사람, 사랑, 삶은 모두 같은 뿌리에서 출발하는 단어라고도 합니다. 그러니까 사람은 사랑하며 살아야 한다는 것입니다. 무엇이 사랑인지 그 정의는 수없이 많습니다.
   대중가요는 사랑은 눈물의 씨앗이라고 노래합니다. 사랑은 미안하다고 말하지 않는 것이라고 말합니다. 사랑에는 두려움도 한계도 없다고 말합니다. 사랑은 국경도 인종도 피부도 다 뛰어넘는다고 말합니다. 삶의 무게와 고통에서 자유롭게 해 주는 한마디의 말이 사랑이라고 합니다. 사랑 없는 삶이나, 사랑하는 사람들이 없는 삶은 그림자요 쇼에 불과하다고 말합니다. 죽음보다 강한 것이 사랑이라고 말합니다. 사랑이 없으면 모든 것이 아무것도 아니라고 말합니다.

수많은 드라마가 사랑으로 연출되고 있습니다. 수많은 노래가 사랑으로 불리고 있습니다. 수많은 시가 사랑을 읊고 있습니다. 수많은 사람들이 사랑으로 눈물을 흘리고, 사랑으로 희열하고, 심지어 사랑으로 죽어가고 있습니다.

그래도 사랑이 무엇인지 가장 잘 말해 주는 것은 사도 바오로의 정의라고 생각됩니다.

"사랑은 참고 기다립니다. 사랑은 친절합니다. 사랑은 시기하지 않고 뽐내지 않으며 교만하지 않습니다. 사랑은 무례하지 않고 자기 이익을 추구하지 않으며 성을 내지 않고 앙심을 품지 않습니다. 사랑은 불의에 기뻐하지 않고 진실을 두고 함께 기뻐합니다. 사랑은 모든 것을 덮어 주고 모든 것을 믿으며 모든 것을 바라고 모든 것을 견디어 냅니다. 사랑은 언제까지나 스러지지 않습니다."

그렇습니다. 내가 누군가를 사랑하였는지를 알려면 이 말씀에 바로 대입해 보면 될 것입니다. 내가 얼마나 내 배우자를 참아 주었는가? 내가 얼마나 내 자식들에게 친절하였는가? 내가 얼마나 어른들에게 무례하지 않았는가? 내가 친구들을 얼마나 믿고 바라고 견디어 냈는가? 이를 돌이켜 생각하면 우리는 알게 됩니다. 아주 조금 사랑했다는 것을, 조금 참아주려고 했고, 조금 친절했고, 조금 기뻐하였기 때문에 아주 조금 사랑했다는 것을 깨닫게 됩니다.

그런데 성경은 바로 하느님이 사랑이시라고 합니다. 그러니까 그분은 사랑 자체라는 것입니다. 요셉 라칭거 추기경님은 교황님이 되시고 처음으로 회칙을 내셨습니다. '하느님은 사랑이십니다.'가 바로 그 회칙의 제목이었습니다. 교황님이 되셔서 첫 번째 회칙으로 사랑을 언급하신 것은 깊은 의미를 담고 있습니다.

사랑은 그리스도인들의 첫째가는 계명일 뿐 아니라, 그리스도인들의 삶의 핵심이기 때문입니다. 사실 성경은 그 전체가 하느님의 사랑, 사랑이신 하느님을 이야기하고 있습니다. 《믿는 기쁨, 사는 기쁨》의 저자인 프랑수와 바리용 신부는 하느님의 사랑을 다음과 같이 강하게 말씀하신 바 있습니다.

"하느님은 전지전능하신가? 아니, 하느님은 사랑이실 뿐이다. 내게 그분이 전능하시다고 말하려 하지 말라. 하느님은 무한하신가? 아니, 하느님은 사랑이실 뿐이다. 내게 다른 말을 하지 마라. 하느님은 지혜로우신가? 아니다 …… 당신이 내게 묻는 모든 질문에 대하여 나는 이렇게 대답할 것이다. '아니, 아니, 하느님은 사랑이실 뿐이다.'

하느님이 전능하시다고 말하는 것은 지배나 파괴로 행사될 수도 있는 힘을 배경막처럼 둘러놓는 일이 된다. 파괴하는 데도 강력한 힘이 있는 것이다. 육백만 명을 학살한 히틀러에게 가서 물어 보라. 많은 그리스도인들이 하느님에게 이러한 전능함을 배경처럼 치장시

자비로운 마음
밀레(Jean Francois Millet, 1814-1875), 토마 앙리 미술관, 쉘부르, 프랑스

킨 뒤에 이렇게 덧붙인다. '하느님은 사랑이시다.' 이는 틀린 말이다.

하느님의 전능함은 사랑의 전능함이다. 바로 사랑이 전능한 것이다. 사람들은 때로 하느님이 무엇이든 하실 수 있다고 말한다. 그렇지 않다. 하느님은 무엇이든 하실 수 있는 것이 아니라 사랑이 할 수 있는 것만을 하실 수 있다. 그분은 사랑이실 뿐이기 때문이다."

그렇습니다. 하느님은 사랑이실 뿐입니다. 그분은 사랑이 할 수 있는 것만 하실 수 있습니다. 사랑의 힘만큼만 강하십니다. 그러나 오늘날 우리에게 사랑이란 말이 너무 남용되고 있습니다. 교황님의 회칙에서는 사랑이란 용어가 너무 많이 사용되면서 그 의미가 퇴색되었기 때문에 바로잡는다는 의지가 강하게 드러나고 있습니다.

우리나라 사람들은 자신이 하는 것은 로맨스요, 다른 사람이 하는 것은 스캔들이라고 합니다. 자신이 하는 것은 로맨스 그레이요, 다른 사람이 하는 것은 노망이라고 합니다. 자신이 하는 것은 열애라고 하며, 다른 젊은이가 하는 것은 불장난이라고 합니다.

그러나 그리스 사람들은 사랑을 몇 가지 단계로 구분하였습니다. 이기적인 사랑(에피투미아), 성적인 사랑(에로스), 그리고 헌신적 사랑(아가페)입니다. 교황님께서는 성적인 사랑 에로스와 헌신적 사랑 아가페는 서로 대치되는 것이 아니라 서로 보완적이라는 것을 강조하십니다.

"에로스와 아가페 - 올라가는 사랑과 내려오는 사랑 - 는 결코 완전히 분리될 수 없습니다."

"인간은 내려오는 사랑, 주는 사랑만으로 살 수 없습니다. 인간은 언제나 줄 수만은 없으며, 받기도 하여야 합니다."

"하느님께서는 사랑하시며, 그분의 사랑은 분명히 에로스라 할 수 있지만, 또한 전적으로 아가페이기도 합니다."

우리는 이기적 사랑으로만 머물 수 없습니다. 우리의 사랑은 헌신적인 사랑 아가페를 향해야만 합니다. 그럴 때 우리의 사랑이 하느님 안에서 완성된다고 할 수 있을 것입니다. 하느님은 사랑 자체이십니다. 사랑 자체이신 하느님께는 사랑만이 가까이할 수 있습니다. 하느님의 사랑에 대한 이해를 어머니의 사랑으로 얻게 된 어느 신부님의 글을 읽었습니다.

"…… 처음에는 내가 사제가 되는 것을 원치 않으시다가 내가 사제의 길을 걷고 나서부터는 나를 대신하여 나보다 더 열심히 사제처럼 삶을 이끌어 나가시는 어머니를 만나면서부터, 나는 어머니가 내 인생을 살아 왔음을 알게 되었다. 나를 낳으신 후 어머니께 '자식과의 관계'는 어머니의 내재적인 본질이었다.

어머니는 한 번도 자신을 '나'로 사신 적이 없었다. 자식들과의 관계, '자식과 함께'가 어머니의 '나'였던 것이다. 월남 전쟁터에 강제로 파병되었을 때에도, 10여 년간 유럽에서 유학 생활을 할 때에도, 본당에서 사목 생활을 할 때에도 나는 미처 이를 깨닫지 못했다. '내'가 월남에 파병되어 간 것이고, '내'가 유학 생활을 한 것이고, '내'가 본당 생활을 한 것이라고 생각했다.

최근에 들어서면서 나는 어머니가 어느 한순간도 나와 떨어져 사신 적이 없었고, 나는 한 번도 어머니의 이 사랑의 사정거리를 벗어나 산 적이 없었다는 것을 깨닫게 되면서, 알게 모르게 나는 이 사랑 안에서 숨 쉬면서 살아 왔다는 것을 온몸으로 느끼게 된 것이다. '내'가 아니라 '어머니와의 관계'가, 어머니의 '자식과 함께'가 사랑이 되어 나를 대신 살고 있었던 것이다.

사랑은 너와 나를 단순히 외적으로 맺어 주는 어떤 끈이 아니다. 그것은 존재의 본질이다. 사랑하는 사람은 자기가 누구인지 안다. 사랑이 '나'를 존재로 부른다. 하느님이 사랑이시라는 것, 하느님이 삼위일체시라는 것은 이런 어머니의 사랑을 통해 유기적으로 이해할 수 있을 것이다."

그렇습니다. 사랑이신 하느님은 사랑하지 않고서는 알 수 없습니다. 사랑이신 하느님 곁에는 사랑만이 머물 수 있습니다. 우리의 사랑은 작기 때문에 사랑이신 하느님에 대해서 조금밖에 알 수 없습니다. '사랑이신 하느님', 이제 분명해졌습니다.

우리가 왜 사랑해야 하는지, 또한 '성부 안에 성자가, 성자 안에 성부가 존재하시는 삼위일체 하느님' 때문에 우리가 어떻게 하나가 되고 어떻게 사랑하게 되는지를 배우게 됩니다.

03 영원하신 하느님

"주님께는 하루가 천 년 같고 천 년이 하루 같습니다."(2베드 3,8)

    2005년 한국 갤럽의 종교인 의식 조사에서 '왜 성당에 다니는가?'라는 질문에 가톨릭 신자들 78%가 '마음의 평안을 얻기 위해서'라는 답을 하였다고 합니다. 불과 십 수 년 전만 해도 "할머니, 왜 성당에 다니세요?"라고 물으면, "뭐 하러 다니긴? 천당 가려고 그러지."라는 대답을 쉽게 들을 수 있었는데 말입니다. 불과 몇 년 만에 가톨릭 신자들의 의식이 많이 달라진 셈입니다. 웰빙의 유행이 우리 가톨릭 신자들에게도 전염된 것입니다.
    사실 이러한 웰빙 수준의 구원은 구약의 아브라함 시대에나 희망했던 것입니다. 아브라함에게는 죽은 다음의 세상에 대한 희망이 없었습니다. 죽으면 지하 세계인 셰올에 간다고 생각했을 뿐입니다. 그러므로 그들에게 축복이란 이 세상에서 장수를 누리고, 대를 이을 자식들로 후대가 번성하고, 재산으로서 양이나 염소 등의 가축들이 질병 없이 번식 번성하는 정도가 전부였습니다. 그야말로 웰빙이 희망의 전부였습니다. 그러나 우리는 구약시대를 살고 있지 않습니다. 더욱이 예수님은 우리에게 영원한 생명을 약속하셨습니다.

"…… 믿는 사람은 영원한 생명을 얻는다. 나는 생명의 빵이다."
(요한 6,47-51)

우리는 이미 세례를 받을 때 대답했습니다. 어려서 세례를 받은 사람들은 대부 대모가 대신 답변을 하였습니다. 그 세례 예식서에는 다음과 같은 질문과 대답이 있습니다.

"하느님의 교회에서 무엇을 청합니까?"

"신앙을 청합니다."

"신앙은 그대에게 무엇을 줍니까?"

"영원한 생명을 줍니다."

그리스도 신자가 되는 세례는 영원한 생명을 희망하고 있습니다. 또한 그리스도인들이 믿을 내용을 요약한 사도신경에도 "영원한 삶을 믿나이다."라는 신앙 조목이 있습니다. 그리스도 신앙인은 매 주일 미사 중에 신경을 되풀이하여 고백합니다. 이처럼 가톨릭 신자들의 목표가 영원한 생명이라는 것을 되새기고 있는 것입니다.

그렇다면 영원한 생명이 도대체 가능하기나 한 것입니까? 그리스 로마 신화에서는 제우스를 비롯한 올림푸스 신들의 이야기가 펼쳐집니다. 신화에서 인간과 신이 구별되는 것은 불사성입니다. 인간은 죽을 운명을 지녔으며, 신은 결코 영원히 죽지 않는다는 것입니다. 영원성은 신에게만 허용된 것이라는 생각입니다.

호머의 서사시보다도 1500년이나 앞섰다는 메소포타미아의 《길가메시 서사시》는 영웅 길가메시가 신들이 누리는 영원한 생명을 찾아 나서는 이야기입니다. 그는 천신만고 끝에 깊은 바다에서 불로초를 구하였지만, 이내 뱀에게 도둑을 맞고 맙니다. 결국 인간은 죽을 운명을 지닌 존재라는 것으로 서사시는 맺음을 합니다. 아침에 피어나서 저녁이면 시드는 풀꽃처럼 태어났다가 어느 정도 삶을 살고 나면 죽어야 하는 인간들은 길가메시 영웅처럼 끊임없이 신이 누리는 영원한 생명을 탐해 왔습니다.

창세기에는 선과 악을 아는 지식을 통하여 영원한 생명을 탐하던 아담과 하와의 이야기가 있습니다. 많은 사람들이 그들의 실수로 놓쳐 버린 에덴 동산을 안타까워하며 그리워하고 있습니다. 그리고 그러한 꿈을 동화에 표현하고 있습니다. 그래서 동화는 "행복하게 오래오래 잘 살았다."로 맺음을 합니다.

죽은 자를 무덤에 묻는 매장 풍습 역시 인간은 죽음으로 끝날 수 없다는 의식을 드러냅니다. 노잣돈이나 살아생전 소중히 여겼던 물건을 함께 넣어 주는 풍습은 죽음 너머의 또 다른 삶을 암시해 줍니다. 사랑하는 사람들은 말버릇처럼 "영원히 사랑한다."고 고백하고, 또 영원히 사랑해 줄 것을 요청하고 있습니다. 이처럼 인간은 원초

생명의 빵
14세기, 모자이크, 코라 성당

적 본능처럼 영원을 갈구하고 있습니다.

도대체 영원이란 무엇입니까? 시간이란 시작도 있고, 끝도 있는 것이라 말합니다. 그러나 영원이란 시작도 없고 끝도 없는 것이라 합니다. 그렇다고 영원은 단지 시간을 무한정 늘여놓는 것일 수 없다고 말합니다. 사형수의 대부였던 김홍섭 판사는 자신의 저서 《무상을 넘어서》에서 영원과 시간에 관한 단상을 소개하고 있습니다.

독수리 한 마리가 남산만 한 바위 위에 앉아 있다 날아가곤 합니다. 그러면 오랜 세월에 걸쳐 그 바위에 발자국이 남습니다. 그렇게 그 발자국으로 그 바위가 다 닳아 없어지는 장구한 세월을 이야기합니다. 아마 이것은 불교에서 말하는 영겁이라는 긴 시간을 설명하는 방식인 듯싶습니다.

불가에서는 가장 짧은 시간을 눈 깜빡이는 순간의 시간을 뜻하는 '찰나'라고 하고 가장 긴 시간을 '영겁'이라고 합니다. 영겁이란 사방 십리의 큰 바위를 선녀가 3년마다 한 번씩 찾아와서 그 위를 거니는데, 선녀의 옷자락에 그 바위가 조금씩 닳아서 마침내 모두 없어지기까지의 긴 세월이라 설명합니다. 김홍섭 판사는 말합니다. 그렇게 긴 영겁의 시간도 영원은 아니라고 말입니다.

맞는 말입니다. 시간과 영원은 차원이 다릅니다. 우리는 과학의 도움으로 차원을 이해할 수 있습니다. 1차원의 세계를 점 또는 선의 세계라고 합니다. 2차원의 세계란 가로와 세로, 곧 면의 세계라고 합니다. 그리고 인간이 살아가는 세계, 곧 가로와 세로의 면에 높이를 더한 공간의 세계를 3차원의 세계라고 말합니다. 그리고 그 이상의 4차원의 세계는 3차원의 공간에 시간을 더한 세계이고, 이러한 차원의 세계를 고차원의 세계 또는 초월적 세계라고 말합니다.

그러므로 면의 세계에 속한 존재는 높이가 없기 때문에 매번 그 면이 그 높이에 도달할 때만 그 높이를 알 수 있습니다. 반면 3차원 세계의 존재는 그 높이가 동시에 인식될 수 있는 것입니다. 그리고 3차원 세계의 존재는 매번 그 공간이 그 시간에 닿아야만 그 시간을 알 수 있게 됩니다. 한편 4차원 이상의 고차원 세계의 존재는 모든 시간이 동시에 이해될 수 있는데 말입니다. 마치 하느님에게 하루가 천 년 같고 천 년이 하루와 같은 것입니다.

사실 3차원의 세계에 살고 있는 우리도 가끔은 초월적 세계를 엿볼 수 있습니다. 꿈의 세계가 그렇습니다. 한여름 밤의 꿈속에서 일생을 느낄 수도 있기 때문입니다. 공간도 자유롭게 넘나듭니다. 우리의 정신세계가 그렇습니다. 흥미로운 일에 몰두하게 되면 긴 시간도 잠깐 사이에 지나고, 지루한 것은 불과 얼마 되지 않는데도 길게 느껴집니다.

사랑하는 임을 기다리는 마음도 여삼추라 했습니다. 또 우리의 기억력은 반드시 최근의 것을 더 잘 기억하고 있지도 않습니다. 더 옛날 것이 뚜렷하고 가깝게 느껴지기도 합니다. 그처럼 우리의 정신세계는 3차원 세계를 넘고 있습니다. 그렇긴 하지만 하느님이 살아가는 차원의 영원을 인간이 희망하는 일은 그야말로 부질없는 꿈으로 여겨집니다.

영원한 생명을 찾는 길가메시에게 홍수에서 살아남아 영원한 생명을 얻게 된 우트나피시팀은 다음과 같은 제안을 합니다.

"그대가 영원한 생명을 꼭 원한다면 한번 해 보라. 다만 여섯 날과 일곱 밤을 잠자지 않고 견뎌 내야 한다."

길가메시는 잠을 이겨내지 못합니다. 그래서 우트나피시팀은 바다 깊은 곳의 불로초를 알려 줍니다. 마침내 겨우 얻어낸 불로초를 뱀이 물고 달아납니다. 길가메시는 한탄합니다.

"내 심장의 피를 다 쏟은 결과가 이것이란 말인가? 나는 아무것도 얻은 것이 없다."

결국 메소포타미아 사람들은 자고로 인간은 자신들의 노력으로 영원한 생명을 얻을 수 없는 것이란 결론을 얻은 셈입니다. 오늘날 역시 과학과 기술이 인간의 행복을 보장하겠다고 나서지만, 창세기 작가는 일찍이 인간의 지혜로도 영원한 생명을 얻을 수 없다는 것을 알려 주고 있는 것입니다.

사도 바오로는 그 이유를 밝혀 줍니다.

"선을 바라면서도 하지 못하고, 악을 바라지 않으면서도 그것을 하고 맙니다."(로마 7,19)

결국 우리는 아는 것을 아는 대로 행하지 못하는 비참한 인간이기 때문에 지식으로도, 과학으로도, 그 어떤 노력으로도 인간은 스스로 영원한 생명을 얻을 수 없다는 것입니다.

결국 영원한 생명이란 하느님으로부터 오는 것입니다. 영원은 하느님이 존재하는 방식이기 때문입니다. 그러므로 하느님께서 선사하셔야만 합니다. 너무나 놀랍게도 하느님께서는 당신의 아들 예수 그리스도를 통하여 선물로 약속하셨습니다. 그러므로 예수 그리스도의 이야기가 복음입니다. 기쁜 소식입니다.

사도 바오로는 예수님이야말로 자신의 생의 전부임을 고백합니다. 그분에게서 영원한 생명을 발견하였기 때문입니다. 그러므로 자신의 모든 출세와 재산을 쓰레기처럼 여겼습니다.

"나의 주 그리스도 예수님을 아는 지식의 지고한 가치 때문에 다른 모든 것을 해로운 것으로 여깁니다. 나는 그리스도 때문에 모든 것을 잃었지만 그것들을 쓰레기로 여깁니다."(필리 3,8)

사도 베드로 역시 단언합니다.

"주님, 저희가 누구에게 가겠습니까? 주님께는 영원한 생명의 말씀이 있습니다."(요한 6,68)

예수님께서 선언하십니다.

"사람이 온 세상을 얻고도 제 목숨을 잃으면 무슨 소용이 있겠느냐?"(마태 16,26)

영원하신 하느님께서는 오늘도 여전히 우리에게 말씀하십니다.

"보아라, 내가 오늘 너희 앞에 축복과 저주를 내놓는다."(신명 11,26)

우리는 선택해야 합니다. 생명의 길인지 아니면 죽음의 길인지.

우리가 참여할 하느님의 영원함이 시간의 연장이라면 지루할 뿐일 것입니다. 영원이란 참된 기쁨이요 행복을 완성하는 질적 규정으로 하느님이 존재하시는 차원입니다.

그러므로 우리는 노래합니다.

"그분의 영광스러운 이름은 영원히 찬미받으시리라. 그분의 영광은 온 누리에 가득하리라. 아멘."(시편 72,19)

04 공평하신 하느님

"'주님의 길은 공평하지 않다.'고 말한다. 이스라엘 집안아, 들어 보아라. 내 길이 공평하지 않다는 말이냐? 오히려 너의 길이 공평하지 않은 것 아니냐?"(에제 18,25)

사노라면 세상이 불공평하다는 생각이 들 때가 있습니다. 예수님께서 비유로 말씀하신 것처럼, 어떤 사람에게는 다섯 탈렌트를 주고, 또 어떤 사람에게는 두 탈렌트 그리고 또 다른 사람에게는 한 탈렌트를 주시듯이(마태 25,14-30; 루카 19,11-27 참조) 어떤 사람은 좋은 나라에, 좋은 집안에, 좋은 가족과 환경 속에 태어납니다. 재주와 미모도 겸비하고 있습니다. 그런가 하면 또 어떤 사람은 형편없는 나라에, 가난한 집안에, 재주도 없고, 얼굴도 받쳐 주지 못합니다. 딸랑 건강 하나만을 받고 태어납니다. 또 누구는 태어나서 잘못한 것도 없이 고생만 하다가 삶을 마칩니다. 그런가 하면 어떤 사람은 나쁜 짓을 많이 했는데도, 사람을 많이 죽였는데도, 국화꽃으로 장식된 영구차로 영웅 대접을 받으며 국립묘지에 안장됩니다.

한 사람을 죽이면 살인자가 되지만 많은 사람을 죽이면 영웅이 되는 세상입니다. 참으로 불공평한 세상입니다. 불가에서는 이 모든 불평등은 윤회설에 의한 전생의 업보라고 말합니다. 이 세상에서 복을 받는 것은 전생에 많은 선업을 쌓은 까닭이요, 불행을 겪는 것은 전생의 악업 때문이라고 합니다.

그리스도인들은 이 모든 것을 하느님의 섭리라고 말합니다. 하느님께서 세상을 만드시고 사람들의 생사화복과 만물의 운행을 섭리하신다고 믿습니다. 그리고 하느님은 공평하신 분이라고 믿습니다. 하지만 때때로 자신에게 불행이 느껴지면, 아니 자신만 불행하다고 느껴지면 공평하신 하느님에 대한 믿음이 흔들릴 때가 있습니다.

그리스도인이 믿는 하느님의 공평하심은 이 세상이 전부가 아니라는 데 근거합니다. 하느님께서는 죽음 넘어서라도 공평하게 하신다고 믿습니다. 아무도 죽음을 겪어 보지 못해서 죽음 건너편에 대해서 알지 못합니다. 그래서 죽음 이 편만을 보고 불공평하다고 여기는 것입니다.

예수님이 죽음 건너편의 공평함에 대하여 우리에게 알려 주신 한 가지 이야기가 있습니다. 부자와 거지 라자로의 이야기입니다. 부자는 저승에 가서 고통을 받습니다. 거지 라자로는 아브라함 곁에 있습니다. 아브라함은 그 연유를 설명합니다.

"너는 살아 있는 동안에 좋은 것들을 받았고, 라자로는 나쁜 것들을 받았음을 기억하여라. 그래서 그는 이제 여기에서 위로를 받고 너는 고초를 겪는 것이다."(루카 16,25)

또 한편 탈렌트에 관한 비유를 자세히 관찰하면 하느님의 공평하심을 이해할 수 있습니다. 다섯 탈렌트를 받은 사람은 그것으로 다른 다섯 탈렌트를 더 벌었고, 두 탈렌트를 받은 사람은 그것으로 다른 두 탈렌트를 더 벌었습니다. 주인은 다섯 탈렌트로 다섯 탈렌트를 더 번 사람이나 두 탈렌트로 두 탈렌트를 더 번 사람에게 똑같은 말을 합니다.

"잘하였다. 착하고 성실한 종아! 네가 작은 일에 성실하였으니 이제 내가 너에게 많은 일을 맡기겠다. 와서 네 주인과 함께 기쁨을 나누어라."(마태 25,21)

만일 한 탈렌트를 받은 사람도 그것으로 다른 한 탈렌트를 벌었다고 한다면, 주인은 똑같은 칭찬을 그에게 하였을 것입니다. 그런 점에서 하느님은 공평하신 분입니다.

비슷한 내용을 전하는 루카 복음의 이야기도 마찬가지입니다. 한 미나로 열 미나를 벌어들인 사람에게 임금은 열 고을을 맡깁니다. 한 미나로 다섯 미나를 벌어들인 사람에게는 다섯 고을을 맡깁니다. 한 미나로 한 미나를 벌어들였다면 그에게는 한 고을을 맡겼을 것입니다. 그들의 노력에 따라 대가를 지불하시는 공평하신 하느님이십니다.

사실 탈렌트는 어마어마한 단위의 선물입니다. 한 탈렌트를 드라크마나 데나리온으로 계산하면 6000드라크마가 됩니다. 한 드라크마나 한 데나리온은 하루 품삯에 해당됩니다. 그렇다면 거의 20년의 봉급에 해당하는 것이라 할 수 있습니다. 우리에게 하느님께서 한 탈렌트만 주셨다 해도 그것은 엄청난 선물입니다.

사실 하느님께서는 모든 사람에게 능력과 재주를 주셨습니다. 그 능력을 우리가 찾아내지 못하고, 또 알면서도 활용하지 못하는데 우리의 잘못이 있습니다. 그 능력과 재주를 썩히는 일은 마땅히 벌을 받아야 합니다. 그것이 상선벌악의 법칙이요, 하느님의 공평하심의 기본입니다.

하느님의 공평하심을 말하자면, 신앙을 들 수 있습니다. 즉 하느님께서는 당신과 함께 영원한 행복을 얻을 수 있는 조건으로 믿음을 내세우셨습니다. 만일 하느님께서 하느님 나라에 들어가는 사람을 미모로 결정한다면, 그건 너무 불공평한 일입니다. 미모는 타고 태어나기 때문입니다. 시험을 치러 성적순으로 결정한다고 해도 불공평한 일입니다. 머리 좋은 것도 타고 태어나기 때문입니다.

그러나 신앙은 누구에게나 공평합니다. 많이 배운 사람에게나 적게 배운 사람에게나 믿음은 공평합니다. 잘생긴 사람이라고 해서 더 잘 믿을 수 있는 것도 아니고, 어린아이라고 해서 더 믿기 어려운 일도 아닙니다.

우리나라 순교 성인들을 보면 더 쉽게 알 수 있습니다. 103위 순교 성인들 가운데에는 어린 유대철 베드로 성인도 있었고, 노인 정의배 마르코 성인도 있었으며, 승지 남종삼 요한 성인이 있었는가 하면, 하녀의 신분이었던 정철염 카타리나 성녀도 있었습니다. 한마디로 남녀노소, 성직자와 평신도, 양반과 하인, 부자와 가난한 자의 구별이 없었습니다. 그처럼 믿음은 누구에게나 공평합니다.

하느님이 공평하신 또 하나의 이유는 바로 죽음이라 생각합니다. 죽음 역시 누구에게나 공평하기 때문입니다. 죽음 역시 남녀노소, 빈부귀천을 구별하지 않기 때문입니다. 물론 어떤 사람은 짧은 인생을 살고, 어떤 사람은 장수를 하고, 누구는 편안한 죽음을 맞이하며, 또 누구는 고통스러운 죽음을 맞이합니다.

그러나 인생의 짧고 깊은 상대적인 것입니다. 영원하신 하느님 편에서 보면 도토리 키 재기일 수 있습니다. 무엇보다 주님의 공평하심은 죽음이 죽음으로 끝나지 않는 데 있습니다. 사람에 따라, 믿음에 따라 고통스러운 죽음도 편안히 맞이하는 경우가 있고, 편안한 죽음도 고통스럽게 맞이하는 경우가 있습니다. 시인 김 요한이 이렇게 '두 사람'을 노래하였습니다.

"나는 보았습니다. 죽어가는 사람을.

재산이 많고 욕심이 가득한 그 사람은 울부짖으며 조금만 더 살고 싶다고 소리쳤습니다.

그러나 누구도 그를 도울 수가 없었습니다.

부자와 라자로
하인리히 3세의 에히터나흐 필사본, 뉘른베르크 게르만 박물관

나는 보았습니다. 죽어가는 사람을.
가난하지만 사랑이 많은 그 사람은 슬퍼하거나 괴로워하지 않았습니다.
그는 고요히 기도하며 편안하게 떠났습니다.

나는 보았습니다. 죽은 두 사람을.
한 사람은 조용히 눈을 감고 평화롭게 잠이 들었고
또 한 사람은 괴로움으로 재물을 꼭 쥐고 죽었습니다.

나는 그때 보았습니다. 이 세상에도 천당과 지옥이 있다는 것을."

하느님께 공평하지 않으신 것이 있다면, 한 가지가 있습니다. 하느님의 용서입니다. 그건 정당하지 않습니다. 어떻게 그렇게 큰 죄를, 그렇게 많은 죄를, 끊임없이 일곱 번씩 일흔 번까지도 용서하실 수 있습니까? 거기에 합당한 보속으로 처벌하지도 않으시고 용서하실 수 있습니까? 그것만은 공평하지가 않습니다. 정의의 차원에서는, 그건 오직 하느님의 사랑의 차원에서만 이해될 수 있는 하느님의 공평하심입니다.

날마다 생각한 하느님 05

선하신 하느님

"어찌하여 나를 선하다고 하느냐? 하느님 한 분 외에는 아무도 선하지 않다."(루카 18,19)

우리는 어떤 사람을 '착하다'고 말합니다. 또 어떤 사람을 '예쁘다'고 말합니다. 아름다운 사람들은 미인대회에서 심사위원들이 뽑습니다. 미스 코리아 진, 선, 미로 등위를 정합니다. 그 기준은 시대마다 다릅니다. 조선 시대의 미인과 우리 시대의 미인의 기준이 다릅니다. 심사위원들의 안목도 서로 다릅니다. 때때로 뇌물이나 인맥 등이 좌우할 때도 있습니다.

그런데 착한 사람을 가리는 선발대회는 없습니다. 선행상이나 공로상 또는 그 밖의 포상 행위로 어떤 사람을 평가하기도 하지만, 그렇다고 수상자가 반드시 착한 사람이라고 동일시할 수 없는 경우가 많습니다. 수상자와 실제로 착한 사람 사이에는 차이가 있습니다. 왜냐하면 누구라도 어떤 경우에는 선행을 할 수 있기 때문입니다. 또 착한 사람에게는 드러난 선행이나 공로가 없을 수도 있기 때문입니다. 그렇다면 우리는 무슨 기준으로 누군가를 착하다고 할 수 있는 것입니까?

토마스 아퀴나스 성인은 하느님의 존재를 증명하는 방법에서 선을 논한 적이 있습니다. 하느님은 최고선이라는 것입니다. 그러므로 하느님께 가까울수록 선하다고 말할 수 있다는 것입니다. 말하자면 우리가 누군가를 착하다고 말할 수 있는 근거는 그 기준이 되시는 최고선의 하느님이 계시기 때문이라는 것입니다. 사실 주님께서는 "하느님 한 분 외에는 아무도 선하지 않다."(루카 18,19)고 말씀하십니다.

선하신 하느님의 모습은 성경에서 여러 모습으로 나타납니다. 착하신 하느님은 에덴 동산에서 쫓겨나는 아담과 하와에게 가죽 옷을 선사하십니다. 동생 아벨을 죽이고 쫓겨 다니는 카인에게 앙갚음하지 못하도록 조처를 취하십니다. 무지개 징표에서 노아의 홍수를 후회하시는 하느님의 착한 마음을 봅니다. 폭력배에게 아내를 빼앗긴 아브라함에게 사랑하는 아내를 찾아 주십니다. 바람난 아내를 돌보아 주는 호세아 예언자에게서 아내를 사랑하는 착한 남편의 모습으로서의 하느님을 봅니다. 아벨과 야곱과 다윗에게서 보잘것없는 사람을 돌보시는 약자의 하느님을 봅니다.

예수님은 선하신 하느님의 모습을 무엇보다도 자비로운 아버지의 모습으로 소개해 주십니다.

"그가 아직도 멀리 떨어져 있을 때에 아버지가 그를 보고 가엾은 마음이 들었다. 그리고 달려가 아들의 목을 껴안고 입을 맞추었다. …… '어서 가장 좋은 옷을 가져다 입히고 손에 반지를 끼우고 발에 신발을 신겨 주어라. 그리고 살진 송아지를 끌어다가 잡아라. 먹고 즐기자. 나의 이 아들은 죽었다가 다시 살아났고 내가 잃었다가 도로 찾았다.' …… '얘야, 너는 늘 나와 함께 있고 내 것이 다 네 것이다. 너의 저 아우는 죽었다가 다시 살아났고 내가 잃었다가 되찾았다. 그러니 즐기고 기뻐해야 한다.'"(루카 15,20-32)

둘째 아들만이 아니라 시기하고 욕심 사나운 첫째 아들도 타이르고 설득하시는 착한 아버지 하느님이십니다.

보이지 않는 선하신 하느님의 모습은 예수님에게서도 찾아볼 수 있습니다. 교황 베네딕토 16세는 추기경 시절 인터뷰에서 페터 제발트가 그의 어린 아들이 "아빠, 하느님은 어떻게 생기셨어요?"라고 질문한 데 대하여 답을 묻자, 다음과 같이 대답하였습니다. "예수 그리스도를 통해 알게 된 그대로 하느님의 모습을 상상하면 됩니다."

그러고는 다음과 같이 덧붙였습니다.

"그런 다음 예수님의 이야기 전체를 고찰해 보십시오. 그러니까 탄생에서부터 시작하여 공생활과 위대하고 감동적인 말씀들, 그리고 최후의 만찬과 십자가, 부활에 이어 복음을 전하라는 명령에 이

착한 사마리아 사람
바사노(Francesco Bassano the Younger, 1549-1592), 미술사 박물관, 빈, 오스트리아

르기까지가 되겠지요. 그러면 어느 정도 하느님의 모습을 볼 수 있습니다. 이 모습이야말로 한편으로는 엄숙하고 거대합니다. 우리의 잣대를 훨씬 벗어나지요. 하지만 그 모습의 실질적인 기본 특징이라면 선하심, 그리고 우리를 받아들이시고 우리가 잘되기를 바라시는 모습입니다."《하느님과 세상》, 31-32쪽)

맞는 말입니다. 예수님은 말씀과 행동으로 선하신 하느님의 모습을 보여 주신 분이십니다. 한 마리 잃어버린 양을 찾아 헤매는 착한 목자의 모습이 그렇습니다. 한 시간밖에 일하지 않았지만 그에게도 하루를 살기 위해 필요한 하루 일당을 지급하는 착한 포도밭 주인이 그렇습니다. 강도 맞은 사람을 돌보아 주는 착한 사마리아 사람이 그렇습니다.

목자 없는 양처럼 배고픈 군중을 위해 빵의 기적을 행하시는 주님이 그렇습니다. 안식일에 일하는 것을 지켜보는 고발자들에게 노기를 띠며 손이 오그라든 사람을 고쳐 주시는 주님의 모습이 그렇습니다. 일곱 번씩 일흔일곱 번이라도 용서하라는 주님의 말씀에서도 착하신 하느님의 마음을 봅니다. 무엇보다 그분의 강생과 수난과 죽음과 부활은 하느님의 선하신 모습을 보여 준 사건입니다.

저는 이사악을 제물로 바치는 아브라함의 모습에서 착하신 하느님의 모습을 봅니다. 아브라함은 사흘 길을 걸어 모리야 땅, 하느님께서 일러 주신 산으로 갑니다. '사흘'이란 표현이 아브라함의 고통을 드러냅니다. 마치 성모님과 요셉 성인께서 아들을 잃고 사흘 동안 찾아 헤맸던 것과 같습니다. 요나가 물고기 뱃속에서 사흘을 지낸 것과도 같습니다.

"아버지, 불과 장작은 여기 있는데 번제물로 바칠 양은 어디 있습니까?"라고 묻는 이사악의 질문에 마지못해 "하느님께서 손수 마련하실 거란다."라고 대답하는 아브라함의 답변에는 아픔이 묻어납니다. 결국 하느님은 이사악의 제물 봉헌을 막으시고 손수 양을 마련해 주셨습니다.

아브라함의 이사악 제물 봉헌은 하느님께서 당신의 외아들 예수 그리스도를 십자가에 제물로 봉헌한 사건을 준비하고 암시하고 있습니다. 하느님께서는 아브라함에게는 이사악을 봉헌하는 것을 만류하시며 자신은 당신의 사랑스런 외아들을 인류를 위하여 기꺼이 봉헌하셨습니다. 하느님께서는 보시기에 좋게 창조한 세상과 사람을 구원하시고자, 영원한 생명을 함께 하시고자 가장 사랑하는 아들을 제물로 내놓으셨습니다. 사랑스런 아들 예수는 아버지의 뜻을 알아듣고 동의하셨습니다.

"아빠, 아버지, 아버지께서는 무엇이든 하실 수 있으시니, 이 잔을 저에게서 거두어 주십시오. 그러나 제가 원하는 것을 하지 마시고 아버지께서 원하시는 것을 하십시오."(마르 14,36)

사도 바오로는 착하신 하느님의 사랑에 관한 그 감동을 다음과 같이 술회하고 있습니다.

"의로운 이를 위해서라도 죽은 사람은 거의 없습니다. 혹시 착한 사람을 위해서라면 누가 죽겠다고 나설지 모릅니다. 그런데 우리가 아직 죄인이었을 때에 그리스도께서 우리를 위하여 돌아가심으로써, 하느님께서는 우리에 대한 당신의 사랑을 증명해 주셨습니다."
(로마 5,7-8)

    착한 사람이란 결국 하느님과 가까운 사람입니다. 하느님과 얼마나 가까운가에서 그 착함의 정도가 드러납니다.

    우리는 착하신 하느님으로부터 얼마만큼의 거리에 있는 것입니까?

06 아브라함의 하느님

"나는 아브라함의 하느님, 이사악의 하느님, 야곱의 하느님이다."
(마태 22,32)

우리 그리스도인들은 신앙을 이스라엘 백성으로부터 물려받았습니다. 이스라엘의 신앙은 그들의 조상 아브라함으로부터 비롯합니다. 이스라엘 백성들은 하느님을 '조상들의 하느님'이라고 일컬었습니다. 또 다른 말로 '아브라함의 하느님, 이사악의 하느님, 야곱의 하느님'이라 불렀습니다. 오늘날 우리 그리스도인이 믿는 하느님은 아브라함이 믿었던 '아브라함의 하느님'과 다르지 않습니다.

아브라함은 나이 일흔 다섯에 고향과 친족과 아버지의 집을 떠나 새로운 삶을 시작하였습니다. 놀라운 일입니다. 그 나이에 어떻게 정든 고향을 떠나 이민생활을 시작할 수 있었는지 감탄스럽습니다. 지금도 낯선 이민의 삶을 선뜻 결정하기 어려운데, 하물며 그 시절에는 나그네 삶이 얼마나 힘든 일이었겠습니까? 그렇게 아브라함이 고향 우르 지역을 떠나 낯선 팔레스티나 땅을 떠돌게 된 것은 하느님의 부르심 때문이었다고 성경은 말합니다.

"아브람은 주님께서 이르신 대로 길을 떠났다."(창세 12,4)

그리고 낯선 땅에서의 모든 어려움과 외로움을 이겨낼 수 있었던 것은 하느님의 보호하심과 아브라함의 신앙 때문이라고 말합니다.

"아브람이 주님을 믿으니, 주님께서 그 믿음을 의로움으로 인정해 주셨다."(창세 15,6)

하느님은 아브라함에게 수호자이셨습니다. 파라오로부터, 또 아비멜렉으로부터 그의 아내와 그의 모든 소유를 지켜 주셨습니다.

"이제 그의 아내를 돌려보내라. …… 네가 만일 돌려보내지 않으면, 너와 너에게 딸린 자들이 모두 반드시 죽으리라는 것을 알아 두어라."(창세 20,7)

하느님은 아브라함에게 친구와도 같았습니다. 소돔과 고모라에 대한 당신의 계획을 아브라함과 의논하셨습니다.

"내가 앞으로 하려는 일을 어찌 아브라함에게 숨기랴?"(창세 18,17)

아브라함의 뻔뻔스럽기까지 한 흥정을 모두 받아 주셨습니다.

"제가 다시 한 번 아뢴다고 주님께서는 노여워하지 마십시오. 혹시 그곳에서 열 명을 찾을 수 있다면 ……? 그 열 명을 보아서라도 내가 파멸시키지 않겠다."(창세 18,32)

하느님은 아브라함에게 성실한 후원자이셨습니다. 늦은 나이였지만 결국에는 아들 이사악으로 하여금 대를 잇게 해 주셨습니다.

"내년 이때에 내가 반드시 너에게 돌아올 터인데, 그때에는 너의 아내 사라에게 아들이 있을 것이다."(창세 18,10)

하느님은 아브라함에게 성실한 계약자이셨습니다. 계약대로 민족들의 아버지가 되게 하시고, 가나안 땅을 소유하게 하셨습니다.

"주님께서는 이렇게 이스라엘 백성의 조상들에게 주시겠다고 맹세하신 모든 땅을 그들에게 주셨다."(여호 21,43)

한편 아브라함은 하느님의 성실한 신봉자였습니다. 하느님께 가장 소중한 것을 기꺼이 바칠 줄 아는 신앙인이었습니다. 하나밖에 없는 아들마저도 기꺼이 바칠 마음을 지닌 사람이었습니다. 하느님께서 베풀어 주시는 은총에 가장 소중한 것으로 응답할 줄 알았던 의인이었습니다.

아브라함은 자신의 하느님을 '엘' 또는 '엘로힘'으로 불렀습니다.

성서학자들은 이 칭호들에 대하여 여러 가지로 해석합니다. '엘'은 당시 근동 지방에서 신을 지시하는 일반 명사로 여겨집니다. 이슬람교는 '알라'로 부릅니다. '알라'는 '엘'과 같은 어원에서 출발합니다. 지방에 따른 사투리라고 여겨도 좋을 것입니다. 한편 '엘로힘'은 '엘'의 복수형이라고 말합니다. 그러면서도 동사는 단수형과 함께 사용합니다. 그 뜻은 하느님과 그의 천사들을 모두 함께 지시하기 위한 것 또는 한 분이면서 다양한 일을 관장하시는 하느님의 능력을 지시하기 위한 것으로 풀이되기도 합니다.

세 천사를 대접하는 아브라함
이콘, 국립 러시아 미술 갤러리, 상트 페테르부르그, 러시아

어떻든 모세가 하느님의 이름을 '야훼'로 알고 그 명칭을 사용하기 전에 이스라엘 백성들은 하느님을 '엘' 또는 '엘로힘'으로 불렀습니다. 그 전통은 오래오래 남았습니다. 특히 그들의 이름에 그 흔적을 남기고 있습니다. 야곱은 '이스라엘'로 불립니다. 이스라엘은 '엘 하느님과 겨룬 사람'이라는 뜻입니다(창세 32,29 참조). '미카엘'은 '누가 하느님 엘과 같은가?'라는 뜻이며, '임마누엘'은 '엘 하느님이 함께하신다'는 뜻입니다. 그리고 '다니엘'은 '엘 하느님은 나의 심판관'이라는 뜻입니다.

아브라함이 믿었던 하느님 '엘'은 당시에 주변에서 믿었던 이방인 신들과 구별됩니다. 팔레스티나 사람들이 믿었던 '바알' 신과 그의 부인인 '바알랏' 여신은 그 지역을 다스리는 토재신이었습니다. 우리나라에도 신들이 많았습니다. 천상신, 대감신, 단군신, 성주신, 제석신, 일신, 월신, 성신, 산신 등 천신의 종류와 와룡 선생신, 상산 조 장군 신, 최영 장군 신 등 죽은 인물을 신화한 신들과 걸립신, 넋대신, 십대왕, 저승사자와 같은 잡신들의 종류가 있습니다. 이 모두가 어느 한 지역이나 어느 한 기능을 맡고 있는 토속신이요 토재신입니다.

그러나 하느님 '엘'은 한 장소에 머무는 토재신이 아니라 인간이 있는 곳이면 어디서든 만나 주실 수 있는 인격적인 하느님이십니다. 훗날 모세는 망명하여 양떼를 몰던 순간 미디안의 황량한 사막에서 '아브라함의 하느님, 이사악의 하느님, 야곱의 하느님'을 만납니다(탈출 3,1-6 참조). 하느님은 어느 특정한 장소에 매여 있는 분이 아니라 인간이 있는 곳이면, 인간이 부르짖는 곳이면 어디서나 만나 주실 수 있는 하느님이시기 때문입니다.

예수님의 시대에도 사람들은 대체로 하느님을 어느 특정한 장소에 가야만 만날 수 있다고 생각했던 것 같습니다. 우물가에서 만났던 사마리아 여인과의 대화에서 잘 드러납니다.

"저희 조상들은 이 산에서 예배를 드렸습니다. 그런데 선생님네는 예배를 드려야 하는 곳이 예루살렘에 있다고 말합니다."

그러자 예수님은 명확하게 밝혀 주십니다.

"너희가 이 산도 아니고 예루살렘도 아닌 곳에서 아버지께 예배를 드릴 때가 온다. …… 진실한 예배자들이 영과 진리 안에서 아버지께 예배를 드릴 때가 온다. …… 사실 아버지께서는 이렇게 예배를 드리는 이들을 찾으신다."(요한 4,20-24 참조)

그렇습니다. 하느님은 무소부재하십니다. 그러므로 우리는 어디서나 기도할 수 있고, 어디서나 하느님을 만날 수 있습니다.

'아브라함의 하느님, 이사악의 하느님, 야곱의 하느님.' 예수님은 이 하느님의 호칭으로 부활이 없다고 주장하는 사두가이들을 반박하셨습니다.

"너희는 성경도 모르고 하느님의 능력도 모르니까 그렇게 잘못 생각하는 것이다. 부활 때는 장가드는 일도 시집가는 일도 없이 하늘에 있는 천사들과 같아진다. 그리고 죽은 이들의 부활에 관해서는 하느님께서 너희에게 하신 말씀을 읽어 보지 않았느냐? '나는 아브라함의 하느님, 이사악의 하느님, 야곱의 하느님이다.'"(마르 12,18-27 참조)라고 말씀하십니다. '그분께서는 죽은 이들의 하느님이 아니라 산 이들의 하느님이시다.' 곧 이 호칭은 아브라함이 죽어 없어진 존재가 아니라 하느님 안에 살아 있음을 뜻하기도 합니다.

그렇습니다. 우리가 믿는 하느님은 어디서나 인간을 만나 주시는 '아브라함의 하느님'이십니다. 언제나 살아계신 영원한 분이십니다. 그분을 진심으로 찾는 이들을 만나 주십니다. 그 옛날 아브라함을 보호해 주셨던 것처럼 성실한 신앙인을 유혹과 악에서 보호해 주시고 또 그들의 간절한 청을 물리치지 않으십니다. 당신의 약속에 언제나 성실하십니다. 우리가 아브라함처럼 하느님께 성실할 수 있으면 좋겠습니다.

07 모세의 하느님

"나는 있는 나다."(탈출 3,14)

우리는 구약 성경에서 모세라는 위대한 인물을 만납니다. 신명기 마지막 장은 모세의 죽음을 전하면서 그를 다음과 같이 평하고 있습니다.

"이스라엘에는 모세와 같은 예언자가 다시는 일어나지 않았다. 그는 주님께서 얼굴을 마주보고 사귀시던 사람이다."(신명 34,10)

이스라엘의 이집트 탈출, 하느님과의 계약, 계약의 궤를 비롯한 성물 제작과 성직 제도와 여러 가지 규정 정비 등 탁월한 그의 업적은 탈출기에서부터 신명기에 걸쳐 소개되고 있습니다.

그의 위대한 업적 가운데 빼 놓을 수 없는 한 가지는 '야훼'라는 하느님의 이름입니다. 모세 이전에 이스라엘 백성은 하느님을 '엘', '엘로힘', '아브라함의 하느님, 이사악의 하느님, 야곱의 하느님', 또

불떨기를 바라보는 모세
페티(Domenico Fetti, 1589-1623), 미술사 박물관, 빈, 오스트리아

는 '조상들의 하느님'이라 불렀습니다. 모세가 하느님을 체험하면서 이스라엘 백성들은 비로소 하느님을 '야훼'라는 이름으로 이해하기 시작하였습니다.

"…… 그들이 저에게 '그분의 이름이 무엇이오?' 하고 물을 터인데, 제가 그들에게 무엇이라고 대답해야 하겠습니까? 하느님께서는 모세에게 '나는 있는 나다.' 하고 대답하시고 이어서 말씀하셨다. '…… 너는 이스라엘 자손들에게 너희 조상들의 하느님, 곧 아브라함의 하느님, 이사악의 하느님, 야곱의 하느님이신 야훼께서 나를 너희에게 보내셨다.' 하여라. 이것이 영원히 불릴 나의 이름이며, 이것이 대대로 기릴 나의 칭호이다."(탈출 3,13-15)

이른바 모세는 하느님으로부터 명함을 받은 셈입니다. 결국 하느님과의 본격적인 친교가 시작된 것이라 할 수 있습니다. 물론 이스라엘 백성은 모세에게 알려 준 이 이름을 함부로 부르지 못했습니다. 존경을 드려야 하는 엄위하신 분인 까닭입니다. 과거 우리나라에서도 자식들이 함부로 아버지의 이름을 부르지 않았던 것과 같습니다. 최근 교황 베네딕토 16세께서는 이 점을 다시 한 번 강조하면서 유다인들의 전통을 존중하며 그들과의 친교를 시도하셨습니다.

본디 히브리어 자음만 4자(YHWH)로 전해지는 이 이름이 정확하게 '야훼'로 발음되는가 하는 의문이 제기되기도 합니다만, 이 '야훼'라는 이름에 대해서는 여러 가지 해석이 있습니다.

우선 모세의 하느님 체험을 전하는 탈출기 본문이 해석하듯이

'나는 있는 나다.'라는 것이 그 첫 번째 해석입니다. 이 해석에는 하느님께서는 다른 창조물들과는 달리 항상 존재하시는 '존재자'라는 의미도 담겨 있습니다. 이러한 의미의 하느님의 칭호는 그리스 철학이 추구하는 만물의 근원으로서 신적 개념과도 상통하는 면에서 그리스 철학과 그리스도교 신학이 만날 수 있는 좋은 계기가 될 수 있었습니다. 물론 그리스도교 신앙을 그리스 철학으로 전락시킨 '계시의 철학화' '이스라엘의 그리스화'라는 비판도 없지 않습니다. 하지만 철학이 인간 이성을 통하여 궁극적으로 만물의 근원을 '유일자' 곧 '존재자'로 이해한 것과 이스라엘이 계시를 통하여 만물의 창조자를 '존재자'로 이해하게 되었다는 점은 진리란 어느 모로 그 궁극에 가서는 일치할 수 있다는 긍정적 희망을 줍니다.

둘째로는 첫 번째 해석에서 파생된 것으로 '존재하는 것을 존재하게 하시는 자', 곧 창조자요 만물의 근원이라는 것입니다. 있다가도 없어지고 또 없다가도 생겨나게 되는 모든 창조물의 궁극적인 근원으로서 '존재 자체'라는 것입니다.

셋째는 '나야 나'라는 해석입니다. 말하자면 하느님께서는 굳이 당신의 이름을 밝히기를 거절하셨다는 해석입니다. 모세의 하느님은 그리스 신화에 나오는 제우스, 포세이돈, 하데스처럼 굳이 이름을 밝혀야만 누구인지를 알 수 있는 그런 분이 아니시라는 것입니다. 마치 연인이 "누구냐?"고 물으면 "나야 나"라고 대답해도 알 수 있는 것처럼, 모세의 하느님은 이스라엘 백성에게 그런 분이라는 뜻이라고 해석하기도 합니다.

　그 이유는 성경 다른 곳에서 하느님께 이름을 여쭈어 보았지만 알려 주시지 않았다는 것입니다. 사실 일찍이 성조 야곱이 야뽁 강 부근에서 하느님과 밤새 씨름을 한 다음 하느님께 "당신의 이름을 알려주십시오." 하고 여쭙자, "내 이름은 무엇 때문에 물어보느냐?"라고 되묻고는 알려주시지 않았습니다(창세 32,30 참조). 또한 삼손의 아버지 마노아도 이름을 여쭈어 보았지만 마찬가지로 알 수가 없었습니다(판관 14,17-18 참조). 물론 여기서는 '주님의 천사'와 '하느님'이 혼동되고 있지만 같은 문맥입니다(판관 14,22 참조). 그러므로 모세의 경우도 하느님께서 당신 이름을 알려 주신 것이라기보다는 '나야. 나'라고 대답한 것이라는 해석입니다.

　어떻든 '나는 있는 나'로서의 하느님의 명함은 우리 인간과 친교의 관계에 들어섰다는 것을 의미합니다. 우리 인간들에게 하느님이 이름으로 불리는 친교 관계가 성립되었다는 것입니다. 친교의 관계에서는 이름이 중요합니다. 이름 대신에 번호로 불리는 사회가 있습니다. 예를 들면, 죄수들은 번호로 불립니다. 친교의 관계가 끊겼다는 것을 의미합니다. 청포도의 시인은 264번이었다고 합니다. 이름과 번호가 함께 사용되는 사회가 있습니다. 군대입니다. 군번으로 불리는 만큼 인격적인 관계가 무시되고 있다는 것을 뜻합니다. 상품들은 고유 번호 바코드로 분류되고 있습니다. 인간이 고유번호로 불리게 되면 곧 하나의 제품이 되었다는 것을 뜻하게 됩니다.

한편 '나는 있는 나다'라는 뜻의 하느님의 이름은 "내가 너와 함께 있겠다."(탈출 3,12)는 말씀과 깊은 관련을 지닙니다. 하느님은 곧 이스라엘 백성을 위해 존재하시는 분이시라는 것입니다. 이스라엘 백성이 겪는 고난을 똑똑히 보고 울부짖는 그들의 소리를 들으며 함께하시는 분이시라는 것입니다. 우리는 이런 의미에서 우리와 함께하시는 하느님, 곧 임마누엘이 얼마나 깊은 의미를 지니는지 알게 됩니다.

신약 성경, 특히 요한 복음은 예수님을 자주 '나는 −이다'(εγω ειμι)라고 소개하고 있습니다. 가령 '나는 생명의 빵이다.' '나는 길이요, 진리요, 생명이다.' '나는 착한 목자이다.' 이러한 표현 안에 담겨 있는 그리스어 주어와 동사는 하느님의 이름, 곧 '나는 있는 나다'와 문맥을 같이 한다는 점을 시사합니다.

또한 '내가 너와 함께 있겠다'는 약속은 '야훼' 하느님은 약속의 하느님이시라는 것을 의미합니다. 약속의 하느님은 자연법칙에 따라 생성 또는 탄생되고 소멸 또는 죽어가는 자연과 인간을 창조한 하느님이 아니라, 미래를 향해서 보다 나은 희망의 목표, 의의를 제시하고 그것을 이룩해 주시는 분으로서의 하느님이십니다. 과거나 현재만의 하느님이 아니라 미래까지도 관장하시는 하느님, 보다 나은 미래를 향하게 하시는 하느님이시라는 것입니다.

분명히 '야훼'라는 하느님의 이름은 모세 이전에는, 또 이스라엘 밖에서는 찾아볼 수 없습니다. 야훼라는 이름은 모세에게서 와서 비로소 불릴 수 있었습니다. 이것은 이스라엘 신앙이 이룩한 업적입니다. 독창적으로 그 이전의 신 이해를 재구성하면서 고유한 하느님의 칭호와 모습을 이룩해 낸 것입니다. 이것은 모세의 업적입니다. 모세는 이 이름으로 이스라엘 민족에게 희망을 주었습니다.

모세의 하느님은 우리와 함께하시는 하느님, 임마누엘이십니다. 우리를 위해 존재하시는 하느님이십니다. 우리가 겪는 고통을 다 보고 계시는 하느님이십니다. 우리의 울부짖음을 듣고 계시는 하느님이십니다. 우리가 참으로 하느님이 우리와 함께하신다는 것을 깨달을 수 있으면 좋겠습니다. 아니, 우리가 하느님과 함께할 수 있는 신앙인일 수 있으면 좋겠습니다. 기쁨 중에도, 아픔 중에도, 언제나 어디서나.

08 예언자들의 하느님, 유일하신 하느님

"나는 주님이다. 다른 이가 없다. 나 말고는 다른 신이 없다."(이사 45,5)

예언 사상을 특징짓는 근본적 요소 중 하나는 하느님이 자연과 역사의 주님이시라는 인식입니다. 이스라엘의 유일신 사상이 과연 언제부터 시작되는 것이냐는 문제에 대해서는 논란이 많습니다. 유일신 신앙을 모세에게 두려는 시도가 있지만 그렇게 단정을 내리기가 쉽지 않습니다.

만일 만물의 창조자이시며 정의의 근원이신 오직 한 분이신 하느님, 이집트에서나 사막에서나 팔레스티나에서나 한결같은 권능을 행사하시며, 성도 신화도 지니지 않으시고, 사람의 형상을 하셨으나 사람의 눈으로는 볼 수 없고 어떤 형상으로도 나타낼 수 없는 분, 그러한 하느님의 존재를 가르치는 사람이었다고 한다면, 모세는 유일신 사상가라고 말할 수 있습니다.

그러나 모세에 관한 성경 자료 속에는 명백히 모세의 종교가 유일신교가 아니었다는 견해를 용납하지 않을 수 없는 암시들이 있습니다.

"이제 나는 주님께서 모든 신들보다 더 위대하시다는 것을 알았네."(탈출 18,11)라는 표현은 다른 신들의 존재를 암시합니다. 모세 시대와 관련된 다른 구절에서도 이교도의 신들에게 바치는 제사에 대한 언급이 보입니다(탈출 34,15-16; 민수 25,2 참조). 그러므로 모세의 하느님은 단지 이스라엘 민족만을 관할하는 '이스라엘의 민족신'으로 나타난다고 할 수 있습니다.

그러므로 우리가 일반적으로 모세의 하느님이 유일신이라고 하는 것은 어디까지나 이스라엘 민족 안에서일 뿐입니다. 이 당시 모든 국가들이 민족의 단위로서 그들의 신들을 생각하고 있었고, 다른 국가와 달리 그들이 다신을 섬기는 데 비해 이스라엘은 유일신을 섬겼을 뿐입니다. 모세의 신 개념이 다른 나라의 신들을 인정하는 것은 모세 이후 예언자들에게서도 마찬가지입니다. 카르멜 산에서 바알 숭배자들과 대결하던 엘리야도 팔레스티나의 신을 인정하고 있었습니다. 바알의 능력이 주님 야훼보다 못하다는 것이지, 존재하지 않는다는 것은 아니었습니다.

이러한 의미에서 본격적 유일신 사상은 바로 기원전 8세기 이후의 예언자들에 의해서 비롯된다고 할 수 있습니다. 이스라엘 백성은 자신들의 영토 안에서 비교적 평화롭게 살 때에는 다른 세계에서 전개되는 사건들에 별로 관심을 두지 않았습니다. 그러나 기원전 8세기 중엽 아시리아 세력이 크게 부각되어 시리아 및 팔레스티나 전역을 장악할 지경에 이르자, 이스라엘은 이제까지 결코 겪어보지 못한 대규모적인 세계사의 움직임에 직면하게 되었습니다.

막강한 아시리아의 군대에 대해서 이스라엘은 자신들의 '민족신'의 한계성을 느꼈던 것입니다. 현재 그들이 처한 긴박한 상황에서는 야훼는 조금도 그들에게 도움을 줄 수 없는 신으로 여기기까지 했습니다.

예언자 아모스가 등장한 것은 이와 같이 이스라엘이 침략군에게 삼켜질 위험에 직면한 때였습니다. 아모스는 현재 벌어진 사건들 앞에서 야훼가 무력하다고 보기는커녕 그 사건들은 이스라엘의 죄에 대한 야훼의 심판일 따름이라고 해석하였습니다. 아모스는 야훼께서 당신의 도덕적 목적을 실현시키기 위해 다른 민족들을 도구로 사용하신다고 보았습니다.

아모스는 다음과 같이 선언합니다.

"이스라엘 자손들아, 너희는 나에게 에티오피아 사람들과 똑같지 않으냐? 주님의 말씀이다. 내가 이스라엘을 이집트 땅에서 데리고 올라왔듯이 필리스티아 인들도 캅토르에서, 아람도 키르에서 데리고 올라오지 않았느냐?"(아모 9,7)

이러한 선언은 기원전 8세기의 이스라엘인들을 놀라게 했습니다. 왜냐하면 이 말이 야훼의 눈에는 이스라엘이 아프리카의 에티

천지 창조(부분) 예언자 이사야
미켈란젤로(Michelangelo Buonarroti, 1475-1564), 시스티나 성당, 바티칸

오피아인들과 다를 바 없으며, 이스라엘을 이집트에서 끌어 낸 것처럼 지중해에서 필리스티아 사람들을, 멀리 동쪽에서 아랍인들을 끌어 내셨다는 것을 밝히고 있기 때문입니다. 이것은 선민의식에 대한 도전적 언급이기 때문입니다.

결국 아모스는 야훼가 단지 이스라엘의 민족 신이라는 관념이 타당하지 못하다는 것을 밝히는 동시에, 그분의 주권은 이스라엘뿐만 아니라 오히려 다른 민족들에게까지 널리 미치는 것임을 선언한 것이라는 점에서 이스라엘에 있어서 유일신 사상을 확립하는 데 중대한 계기가 됩니다.

같은 시기에 소명을 받은 호세아도 아모스와 마찬가지로 아시리아가 당시의 세계를 지배하게 된 것은 하느님의 뜻에 의한 결과였다고 말하고 있습니다. 이스라엘은 멸망하게 될 것이지만 이스라엘의 운명을 결정하는 것은 바로 주님이시라는 것입니다.

"머지않아 나는 이즈르엘의 피에 대한 책임을 물어 예후 집안을 벌하고 이스라엘 집안의 왕조를 없애 버리리라. 또 그날에 이스라엘의 활을 이즈르엘 평야에서 꺾어 버리리라."(호세 1,4-5)

말하자면 아시리아가 이스라엘의 멸망을 대행하는 주님의 도구가 된 것입니다. 호세아는 아시리아가 재기한 것도, 또 정복을 거듭해 오는 것도 모두 이스라엘의 멸망 계획 안에 들어 있는 하나의 과정으로 이해하였던 것입니다.

당시의 엄청난 사건들을 계획하고 주재하는 장본인이 바로 주님이시라는 선언을 보다 분명하게 한 예언자는 바로 이사야였습니다. 그 시대 아하즈 왕은 야훼보다 시리아 신이 더 우월하다는 생각에서 시리아의 침공을 막기 위해 아시리아의 도움을 요청합니다. 그는 다마스쿠스로 가서 티글랏 필에세르에게 신하의 예를 표하는 한편, 그곳에 세워진 제단에 경탄한 나머지 예루살렘에도 그와 유사한 제단을 세우고(2열왕 16,10-11 참조), 이 새 제단에서 몸소 제사를 드렸습니다(2열왕 16,12-13 참조).

역대기 작가는 아하즈가 "아람 임금들의 신들이 그들을 도와주었으니, 나도 이 신들에게 제물을 바치면 이 신들이 나를 도와주겠지."(2역대 28,23)라고 말한 것을 전하고 있습니다. 유다의 왕 아하즈가 그같이 중대한 국제적인 사태 앞에서 이스라엘의 하느님을 무력한 신이라고 생각했음을 드러내고 있습니다. 그렇기 때문에 이사야는 왕에게 하느님께 도움을 청하라고 충고하였지만, 그는 이를 무시하고 다른 방도를 찾았던 것입니다. 이사야가 아시리아의 권력은 하느님의 손에 들려 있는 복수의 도구에 지나지 않는 것이라고 선언했을 때, 이스라엘 사람들에게 그 말이 생소하였을 것입니다.

"불행하여라, 내 진노의 막대인 아시리아! 그의 손에 들린 몽둥이는 나의 분노이다. 나는 그를 무도한 민족에게 보내고 나를 노엽게 한 백성을 거슬러 명령을 내렸으니 약탈질을 하고 강탈질을 하며 그들을 길거리의 진흙처럼 짓밟게 하려는 것이었다."(이사 10,5-6)

이사야는 예언자로서의 직무를 수행하면서 모든 국제적 사건들을 결정짓는 요소는 곧 야훼의 손이라고 선언하였던 것입니다. 하느님이 모든 민족에 대해 주권을 지니시며 당신을 절대적으로 신뢰하는 자들을 보호하신다는 이 선언은 이스라엘의 종교 사상에 하나의 중대한 요소였던 유일신 사상을 마련한 것입니다.

모든 민족의 움직임 속에서 주님의 손길을 볼 수 있다는 사상은 예레미야 예언자에게서도 드러납니다. 그는 앞선 예언자들보다 더 위기에 처한 시기에 활동하였기 때문에 이러한 사상은 자연스럽게 그의 가르침의 중심이 되고 있습니다. 예레미야는 이스라엘 사람들에게 바빌론에 정착하여 그곳에서 가정을 꾸리라고 권고합니다. 그것은 이스라엘 백성에게 계속 식민지에서 살라는 저주로 들릴 수 있습니다. 그러나 그것은 야훼가 바빌론에도 현존하고 계심을 강력하게 시사하고 있습니다(이사 29,11-12 참조).

야훼는 성전이나 민족에 관계없이, 사람들이 그분을 진심으로 찾기만 하면 어디에서나 발견할 수 있는 분이시라는 확고한 신앙에 기인합니다. 야훼를 이런 관점에서 이해했기 때문에 예레미야는 이방 민족들의 신들을 "헛것"(예레 2,5), "물이 고이지 못하는 갈라진 저수 동굴"(예레 2,13)이라고 몰아붙일 수 있었고, 대제국이 하느님의 계획 안에서 멸망하게 된다는 것을 아울러 예언하였습니다.

제2 이사야는 구약 성경에 등장하는 예언자들 가운데 누구보다도 장엄하게 야훼 하느님이 모든 민족은 물로 역사와 창조 일체를 지배하시는 분이심을 선언하였습니다. 페르시아의 부흥, 바빌론 제국의 멸망 등의 국제적 사건도 하느님의 눈에는 "두레박에서 떨어지는 물 한 방울"(이사 40,15)에 지나지 않는 것이라고 하였습니다. 하느님 앞에서는 "아무것도 아니며 헛것"(이사 40,17)임을 확신하고 있었으며, 주님은 "지배자들을 없애 버리시고 세상의 통치자들을 허수아비처럼 만들어 버리시는"(이사 40,23) 분으로서 세상을 창조하시고 인간을 창조하신 창조신이라는 것을 선포하고 있습니다(이사 45,12.18.28 참조). 여기에 대조적으로 바빌론의 신들은 허수아비이며, 누군가 그것에게 외쳐도 대답도 못하며, 그자를 곤경에서 구해내지도 못할 경멸의 대상일 뿐이라고 공언하고 있습니다(이사 46,7 참조).

이와 같이 많은 민족의 신들이 우상에 불과하다는 것을 파헤치며, 제2 이사야는 "나 말고는 다른 신이 없다."(이사 45,5)고 선언합니다. 마침내 그는 주님께서는 과거의 하느님이신 동시에 현재의 하느님이시며, 또한 앞으로 올 모든 세대의 하느님이심을 선언합니다. "나는 하느님이다. 앞으로도 나는 그러하리라."(이사 43,12-13) "내가 바로 그분이다. 나는 처음이며 나는 마지막이다."(이사 48,12)

이처럼 이스라엘 백성들은 서서히 예언자들에 의해서 세계의 하느님, 곧 온 세상에서 한 분뿐이신 유일신이심을 이해하게 됩니다. 우리에게도 하느님을 바르게 이해하는 일은 서서히 그리고 아주 오랜 시간을 필요로 하는 일입니다.

09 요나의 하느님

> "당신은 자비하시고 너그러우신 하느님이시며, 분노에 더디시고 자애가 크시며, 벌하다가도 쉬이 마음을 돌리시는 분."(요나 4,2)

하느님은 온 세상에 단 한 분이시며 자애로우신 분이시라는 것을 간단명료하게 알려 주는 성경이 바로 요나서일 것입니다. 요나는 하느님은 오직 이스라엘 백성만의 하느님이시라는 선민의식에 사로잡힌 대표적인 인물이었습니다.

당시 대부분의 이스라엘 사람들은 하느님을 자신들만의 하느님, 자신들에게만 사랑을 베풀어 주셔야 하는 분으로 여겼습니다. 곧 이스라엘만이 하느님의 사랑을 받도록 선택된 백성이라고 여긴 것입니다. 이를 선민의식(選民意識)이라 합니다.

그와 같은 선민의식을 지닌 요나로서는 이방인의 도시 니네베에 하느님의 사랑과 자비가 베풀어지는 것을 참을 수가 없었습니다.

그러므로 요나는 하느님이 회개를 선포하며 선교하도록 지시한 니네베와는 반대 방향으로 달아납니다. 성경은 그곳을 타르시스라 말합니다.

예언자 요나가 살던 팔레스티나 지역에서 니네베는 동쪽입니다. 그리고 타르시스는 서쪽입니다. 성경학자들은 타르시스를 스페인의 타르테소스로 추정하며, 당시 이스라엘 사람들에게는 서쪽의 땅끝으로 이해되었다고 설명하고 있습니다.

팔레스티나의 야포 항에서 배를 타고 반대 방향으로 떠나는 요나에게 하느님께서는 집요하십니다. 하느님께서는 당신이 사랑하고자 하는 사람을 결코 놓치지 않으십니다. 성 아우구스티노도 그런 사람 중의 한 사람일 것입니다.

시인 프란시스 톰슨은 이와 같이 집요하신 하느님을 '하늘의 사냥개'라고 노래한 적이 있습니다.

"밤이면 밤마다 낮이면 낮마다 나는 하느님을 피해 도망쳤다. 여러 해 동안 나는 하느님을 피하여 도망쳤다. …… 그러나 그 뒤쫓는 걸음 서둘지 않고, 그 걸음걸이 흐트러지지 않으며, 침착하면서 빠르게, 위엄 있고 박력 있게 발자국 소리 들린다. 아니, 발자국보다 애절한 그 목소리 들린다. ……"

요나는 결국 끈질기신 하느님께 붙들리고 맙니다. 타르시스로 향하던 배는 풍랑을 만납니다. 뱃사람들은 풍랑을 맞으면 누군가가 잘못했기 때문이라는 생각을 합니다. 사실 누구나가 다 그렇습니다. 어떤 어려움이나 불행이 닥치면 사람들은 자신이 무얼 잘못했나를 생각하기 마련입니다.

풍랑이 심한 인당수에 처녀 심청을 제물로 바쳤듯이, 뱃사람들은 제물을 바칠 희생양을 찾습니다. 제비뽑기를 했는데 요나가 당첨됩니다. 로또 당첨은 행운이겠지만, 이런 경우에는 죽을 맛이었을 것입니다. 요나는 이실직고합니다. 자신이 재앙의 원인이었음을 자백합니다. 심청이 용궁을 거쳐 연꽃을 타고 돌아올 수 있었듯이, 물에 던져진 요나는 하느님의 도우심으로 큰 물고기 뱃속을 통해 니네베에 도착하게 됩니다.

예언자 요나는 그와 같은 기적적인 삶을 살고서도 아직 하느님의 뜻을 다 헤아리지 못했습니다. 기적적으로 살아온 우리도 다를 바가 없습니다. 우리의 삶 속에는 수많은 기적들이 있지만, 우리는 그것을 기적으로 깨닫지도 못하고 있습니다. 예언자 요나는 회개를 하였지만 아직도 충분하지 않았습니다. 마지못해 회개를 선포하고 있습니다.

가로지르는 데만 사흘이 걸리는 그 큰 성읍 니네베에서 겨우 하룻길을 걸은 다음 외쳤습니다. "이제 사십 일이 지나면 니네베는 무너진다!"(요나 3,4)

그리고는 성읍을 빠져나와 초막을 짓고 니네베가 어떻게 망하는가를 지켜보며 쉬고 있었습니다. 니네베가 무너지는 장면을 지켜보고 싶었던 것 같습니다. 요즈음처럼 야구 경기나 축구 경기 같은 볼

물고기 배 속에서 나오는 요나
바티칸 사도 박물관

거리가 없던 시절, 사람들은 물 구경, 불구경, 싸움 구경을 즐겼습니다. 예언자도 그런 구경을 즐기고 싶었던 것 같습니다.

그러나 하느님께서는 요나의 회개를 보고 재앙을 돌이켰듯이, 임금으로부터 시작하여 가장 낮은 사람들에 이르기까지 모든 니네베 사람들의 회개에 마음을 돌려 재앙을 거두셨습니다. 요나는 화가 났습니다. 하느님께서 시켜서 '니네베가 무너진다'라고 큰소리쳤는데, 니네베가 멀쩡하게 아무 일이 없는 것입니다. 자신만 거짓말쟁이가 되는 것입니다. 얼마나 체면을 구기는 일입니까? 죽고 싶은 심정을 토로합니다.

"이제 주님, 제발 저의 목숨을 거두어 주십시오. 이렇게 사느니 죽는 것이 낫겠습니다."(요나 4,3)

요나서의 절정은 그늘을 드리워 주던 잎들을 벌레가 쏠아서 시들게 된 아주까리 나무를 놓고 벌어진 하느님과 예언자의 대화일 것입니다. 화가 난 요나에게 하느님께서 말을 건네십니다.

"요나야, 너 화가 잔뜩 났구나. 아주까리 나무가 죽어서 그늘이 없어진 게 화가 났구나."

그러면서 아주까리 나무를 위해서 요나가 한 수고가 무엇인지를 따지십니다. 하긴 우리도 아무런 보탬을 주지 않았는데도 우리에게 편리함을 제공하던 것이 없어지면 화가 납니다. 심지어 필요하지 않은 물건인데도 없어지면 속이 상합니다. 예언자 요나는 솔직하게 아주까리 나무가 자라는 일에 보탬이 된 일을 한 것이 없어도 그늘을 만들어 주던 잎이 말라버린 것이 화가 난다고 대답합니다.

하느님은 비로소 요나를 설득하십니다.

"너는 네가 수고하지도 않고 키우지도 않았으며, 하룻밤 사이에 자랐다가 하룻밤 사이에 죽어 버린 아주까리를 그토록 동정하는구나! 그렇다면 나는 어떻게 해야겠느냐? 내가 '보기에 좋게' 창조한 저 많은 니네베 사람들, 수많은 짐승들을 어찌 동정하지 않겠느냐? 이 큰 성읍 니네베를 무너지도록 해야겠느냐?"(요나 4,10-11 참조)

비로소 요나는 야훼 하느님께서는 이스라엘 백성만의 하느님이 아니라 이 이방인 니네베 사람들에게도 자애로운 하느님이심을 깨닫게 된 것입니다.

하느님께서는 예언자들을 통해서 이스라엘 백성에게 당신 사랑을 전하십니다. 또한 이스라엘을 통해서 세상의 모든 민족에 대한 당신의 사랑을 전하십니다. 하느님께서는 사도들을 통하여 교회를 세우셨습니다. 그리고 그 사도들을 통하여 교회를 구원하시고자 하십니다. 그리고 교회를 통하여 세상을 구원하시길 원하십니다.

그러므로 주님께서는 교회의 구성원인 그리스도인들이 세상의 빛과 소금이 되어야 한다고 말씀하십니다. 세상의 구원이 이루어질 때 교회와 교회의 구성원인 우리 그리스도인들은 세상의 빛과 소금의 역할을 다하는 것입니다. 믿지 않는 사람들에게도 하느님은 여전히 자애로우신 하느님이십니다.

이러한 사실을 누구보다 잘 이해한 사도 바오로는 일찍이 서쪽

땅 끝까지 하느님 말씀을 전하는 것을 자신의 사명으로 생각하였습니다. 그리고 제자 티모테오에게 다음과 같은 편지를 썼습니다.

"하느님께서는 모든 사람이 구원을 받고 진리를 깨닫게 되기를 원하십니다. 하느님은 한 분이십니다."(1티모 2,4-5)

우리가 예언자 요나를 설득하시는 하느님의 이러한 마음을 알아들을 수 있다면 얼마나 좋겠습니까?

창조의 하느님

> "한 처음에 하느님께서 하늘과 땅을 창조하셨다."(창세 1,1)

그리스도인들은 '나는 전능하신 천주 성부 천지의 창조주를 믿나이다.'라고 신앙 고백을 시작합니다. 이 신앙 고백 첫 줄은 어마어마한 내용을 담고 있습니다. 우주를 창조하신 하느님께 대한 고백이기 때문입니다.

과학이 발달된 오늘날 우리가 얻게 된 정보에 따르면, 우주는 200억 광년의 넓이로 펼쳐져 있다는 것입니다. 우리가 사는 지구에서 태양까지의 거리는 1억 4960만 킬로미터로, 초속 30만 킬로미터 속도의 빛으로는 8분 19초, 시속 250킬로미터의 KTX로는 70년을 가야 한답니다. 그런데 그런 빛의 속도로 200억 년을 가야만 우주의 끝자락에 도달한다니까 그 넓이를 어떻게 생각할 수 있겠습니까? 우리의 상상을 뛰어넘습니다. 우주 과학자들은 1000억 개의 별들을 가지고 있는 성단 1000억 개 정도가 200억 광년의 우주에 펼쳐져 있다고 말합니다. 이 광활한 우주가 어떻게 생겨났는지 놀랍기 그지없습니다.

　오늘날 천문학자들은 빅뱅(Big Bang)이란 가설로써 우주의 탄생을 설명합니다. 빅뱅이란 커다란 폭발을 뜻하는 용어입니다. 지금으로부터 200억 년 전에는 이 거대한 우주가 아주 작은 물체였답니다. 동전 크기만 했다고 합니다. 바늘 끝보다도 작았다고 말하는 학자들도 있습니다. 그런데 그 고밀도의 물질이 갑자기 폭발하여 위로 아래로 앞으로 뒤로 옆으로 퍼져나가 오늘의 이 거대한 우주가 되었다는 것입니다. 상상할 수 있겠습니까? 천문학자들은 달리 다른 가설로는 오늘의 이 우주의 현상을 설명할 수 없나 봅니다. 그래서 이 빅뱅 가설을 정설처럼 애지중지하며 받아들이고 있습니다.

　이런 상황에서 어느 물리학자의 다음과 같은 고백을 우리는 충분히 이해할 수 있습니다.

　"오늘날 우주론자들은 너무도 많은 학설 때문에 혼란에 빠져 있다. 우주를 설명하기 위해 고안된 가장 간단한 우주 모형에는 일부 사람들이 받아들이기 힘든 특이 현상이 포함되어 있다. …… 물론 우주의 상을 완성시키고 검증하기 위해서는 거쳐야 할 연구들이 아직도 많이 남아 있다. …… 하지만 이 모든 사실들이 우주 탄생에 대한 우리의 견해에 어떤 의미를 가지는 것일까? 어쩌면 우리는 빅뱅 이전에 어떤 사건이 일어났는지, 그 일들이 왜 일어났는지를 경험적 사실에 입각해서 설명해 낼 수 없을 것이다. …… 여전히 '신의 손'이 끼어들 여지가 남아 있는지도 모른다. …… 지구 주위를 도는 이 작은 위성에서 얻은 정보는 절대로 성스러운 창조와 모순되지 않으며, 다만 초자연적인 신의 손이 자연의 법칙을 비껴갔을지 모르는 시기를 관측할 수 없는 영역으로 더 멀리 밀어냈을 뿐이다. 창조주에 대한 믿음은 과학적인 추론이 아닌 신념의 문제로 남아 있어야 한다."

오래 전 텔레비전에서 방영된 내용입니다. 돌아가신 김수환 추기경님께서 도올 김용옥의 노자 강의에 초대를 받아 말씀을 나눈 적이 있습니다. 그때 추기경님께서 물컵을 들어 보이시면서,

"만일 내가 이 물컵이 저절로 만들어졌다고 한다면 사람들이 나를 미쳤다고 말할 것입니다. 그런데 과학이 물컵보다 더 정교하고 어마어마한 이 우주가 저절로 만들어졌다고 말한다면, 그것을 어떻게 과학이라고 말할 수 있겠습니까?"

정약종 선생님의 《주교요지》의 가르침 한 대목이 연상됩니다.

"만물이 저절로 되지 못하느니라. 여기에 큰 집이 있다. 아래엔 기둥을 세우고, 위에는 들보를 얹고, 옆에는 벽을 맞추고, 앞에는 문을 내어 비바람을 가려야 사람이 몸을 담아 평안히 살 수 있으니, 이 집을 보면 어찌 '저절로 되었다'고 하리요. 반드시 '목수가 있어서 만들었다' 하리라. 만일 어떤 사람이 이 집을 보고 말하기를 '기둥과 들보와 벽과 문창이 저절로 어울려 되었다'고 하면, 이 사람

천지 창조(부분) '아담의 창조'
미켈란젤로(Michelangelo Buonarroti, 1475-1564), 시스티나 성당, 바티칸

을 '지각이 없다'고 할 것이라. 천지도 또한 집과 같아서, 하늘로 덮고, 땅으로 딛고, 해와 달로 밝히고, 비와 이슬로 초목을 기르고, 물로 축이고, 불로 덥히고, 나는 새는 공중에 날고, 기는 짐승은 땅에 기어, 만물을 다 배포하고 마련하였기에, 사람이 그중에서 하늘을 이고, 땅을 밟고, 만물을 쓰고, 평안히 살아, 마치 집을 짓고 평안히 있음과 같으니, 작은 집도 절로 되지 못하여 반드시 건축한 목수들이 있어야 되거든, 이 천지 같은 큰 집이 어찌 절로 되었으리요? 분명히 지극히 신통하시고 지극히 능하신 이가 계셔서 만들어야 될 것이니, 목수들을 보지 못해도 집을 보면 집 지은 목수들이 있는 줄을 알 것이요, 천주를 보지 못해도 천지를 보면 천지를 만드신 임자가 계신 줄을 알 것이라."

우리는 성경에서 아름다운 장면을 만납니다. 우주를 창조하시는 하느님의 모습입니다. 자연과학자들은 아직까지 웬 동화 같은 이야기냐고 비웃을지 모르지만, 하느님의 위대한 창조의 아름다운 시적 표현이 아닐 수 없습니다.

"주 저의 하느님, 당신께서는 지극히 위대하십니다.

고귀의 영화를 입으시고 빛을 겉옷처럼 두르셨습니다.

하늘을 차일처럼 펼치시고 물 위에 당신 거처를 세우시는 분.

구름을 당신 수레로 삼으시고 바람 날개 타고 다니시는 분.

바람을 당신 사자로 삼으시고 타오르는 불을 당신 시종으로 삼으시는 분.

그분께서 기초 위에 땅을 든든히 세우시어 영영세세 흔들리지
않는다.

당신께서 대양을 그 위에 옷처럼 덮으시어 산 위까지 물이 차 있
었습니다.

당신의 꾸짖으심에 물이 도망치고 당신의 천둥소리에 놀라 달아
났습니다.

당신께서 마련하신 자리로 산들은 솟아오르고 계곡들은 내려앉
았습니다.

당신께서 경계를 두시니 물이 넘지 않고 땅을 덮치러 돌아오지
도 않습니다.

골짜기마다 샘을 터뜨리시니 산과 산 사이로 흘러내려

들짐승들이 모두 마시고 들나귀들도 목마름을 풉니다.

그 곁에 하늘의 새들이 살아 나뭇가지 사이에서 지저귑니다.

당신의 거처에서 산에 물을 대시니 당신께서 내신 열매로 땅이
배부릅니다.

가축들을 위하여 풀이 나게 하시고

사람들이 가꾸도록 나물을 돋게 하시어 땅에서 빵을,

인간의 마음을 즐겁게 하는 술을 얻게 하시고

기름으로 얼굴을 윤기 나게 하십니다.

또 인간의 마음에 생기를 돋우는 빵을 주십니다.

……

주님, 당신의 업적들이 얼마나 많습니까!

그 모든 것을 당신 슬기로 이루시어 세상이 당신의 조물들로 가득합니다.

저 크고 넓은 바다에는 수없이 많은 동물들이 크고 작은 생물들이 우글거립니다.

그곳에 배들이 돌아다니고 당신께서 만드신 레비아탄이 노닙니다.

이 모든 것들이 당신께 바랍니다, 제 때에 먹이를 주시기를.

당신께서 그들에게 주시면 그들은 모아들이고

당신 손을 벌리시면 그들은 좋은 것으로 배불립니다.

당신의 얼굴을 감추시면 그들은 소스라치고

당신께서 그들의 숨을 거두시면 그들은 죽어 먼지로 돌아갑니다.

당신의 숨을 내보내시면 그들은 창조되고

당신께서는 땅의 얼굴을 새롭게 하십니다."(시편 104편)

우리는 우리가 만든 것과 만들지 못하는 것을 구별합니다. 우리 인간이 돈을 만들고, 컴퓨터를 만들고, 로봇을 만들고, 원자탄을 만들었다는 것을 압니다. 그러나 우리는 아름다운 꽃 한 송이, 연약한 병아리 한 마리도 만들지 않았고 만들 수도 없습니다. 그리고 산 절로, 수 절로, 산수 간의 나도 절로 생겼다고 생각하지 않습니다. 아름다운 그림을 보고 그 그림을 그린 화가를 찬양합니다. 우리는 우리가 만들지 않은 아름다운 자연을 보며 그것을 만드신 창조주를 찬양하지 않을 수 없습니다.

이스라엘이 자신들이 믿던 야훼 하느님을 우주를 창조하신 하느님으로 믿게 된 것은 오랜 세월이 지나서였습니다. 철이 든 다음입니다. 오랜 세월이 걸렸지만 위대한 깨달음이 아닐 수 없습니다.

"하느님께서 말씀하시기를 '빛이 생겨라.' 하시자 빛이 생겼다. 하느님께서 보시니 그 빛이 좋았다."(창세 1,3-4)

아름다운 성경 구절입니다. 한 마디 말씀으로 권위를 보여 주십니다. 그리고 보시기에 좋게 세상을 창조하셨습니다. 우리는 하느님이 보시기에 좋게 창조한 세상을 보존하고 가꿀 책임을 지녔습니다. 훗날 하느님께서 보시기에 좋게 창조하신 세상을 보시기에 좋게 완성하시리라 믿습니다. 이것이 그리스도 신앙인의 믿음입니다.

아버지 하느님

날마다 생각한 하느님 11

"너희는 기도할 때 이렇게 하여라. '아버지, 아버지의 이름을 거룩히 드러내시며 아버지의 나라가 오게 하소서.'" (루카 11,2)

이스라엘 백성은 오랫동안 하느님을 '아브라함의 하느님, 이사악의 하느님, 야곱의 하느님'이라고 불렀습니다. 예수님도 하느님이 그렇게 불리고 있었던 사실을 잘 알고 있습니다.

"모세도 떨기나무 대목에서 '주님은 아브라함의 하느님, 이사악의 하느님, 야곱의 하느님'이라는 말로 이미 밝혀 주었다. 그분은 죽은 이들의 하느님이 아니라 산 이들의 하느님이시다. 사실 하느님께는 모든 사람이 살아 있는 것이다."(루카 20,37-38)

이 말은 다르게 표현하면 '조상들의 하느님'이라고 할 수 있습니다. 또 다른 표현을 하자면, '아버지들의 하느님'이라고도 말할 수 있습니다. 그런데 예수님은 하느님을 '아빠, 아버지'로 부르도록 가르치십니다.

사실 예수님은 하느님이 어떤 분이신지 사람들에게 알려 주기 위해서 무척이나 애를 쓰셨다고 말할 수 있습니다. 그중 하나가 '하느님은 아버지'라는 설명입니다. 예수님의 이러한 가르침을 따라서 우리는 '전능하신 천주 성부'라는 사도신경이 믿어야 할 가장 중요하고 첫째가는 과제임을 고백하고 있습니다.

예수님은 하느님 나라를 전하시면서 하느님을 나의 아버지로 부르고 계십니다. 예수님은 하느님이 아버지라는 표현을 통해서 하느님의 선하심과 전능하심, 자비와 용서, 그 모든 것을 드러내고자 하셨습니다. 무엇보다도 루카 15장의 '되찾은 아들의 비유'는 하느님이 어떤 아버지이신지를 잘 드러내고 있습니다. 그 자녀들을 사랑하시는 아버지, 못나고 잘못하는 아들일지라도 용서하시고 기꺼이 받아들이시는 아버지의 모습입니다. 아버지란 자녀들을 이 세상에 생겨나게 한 사람이요, 자녀들을 지켜 주는 보호자요, 먹이고 입히는 부양자요, 잘 살아가도록 힘이 되어 주는 보증자입니다.

더더욱 예수님은 당시의 용어로서 '압바'라는 표현을 사용하셨습니다. 아람어 '압바'는 오늘날 우리들이 사용하는 '아빠'와도 유사한 뜻을 지니고 있습니다. 어린아이가 애정과 신뢰에 가득 차서 아버지를 부르는 애칭입니다. 아버지란 무엇보다도 자녀들을 사랑하는 사람이라는 것을 드러냅니다.

오늘날 '하느님은 아버지시다'라는 예수님의 가르침에 이의를 제기하는 사람들이 있습니다. 예수님의 가르침에 문제가 있는 것이 아니라, 예수님의 가르침을 받아들일 수 없는 현실에 문제가 있다는 것입니다. 현대인들은 "아버지를 잃어버렸다."고 말합니다. 아버지를 아버지로 체험하지 못한다는 것입니다. 부정적인 아버지의 체험 때문에 하느님 아버지를 제대로 이해할 수 없다는 것입니다.

'인생은 아름다워'라는 영화에서 아버지 귀도가 자신을 위해 어떤 일을 어떻게 하였는지 잘 알고 있는 아들 요수아는, 예수님이 하느님을 아버지로 소개하실 때 어떤 분인지 훨씬 쉽게 이해할 수 있었을 것입니다. 불행하게도 우리나라는 그렇지 못합니다. 유신시대, 새마을 운동이 한창일 때 사람들은 이른 새벽에 일어나 집을 나서서 밤늦게 돌아와야 했습니다. 아이들은 아버지를 볼 수가 없었습니다. 눈을 뜨면 아버지는 출근하였습니다. 그리고 잠이 든 다음에야 퇴근하였습니다. 아버지는 이름만 남아 있었습니다.

한때 김정현 씨의 《아버지》라는 소설이 잠시 베스트셀러가 된 적이 있습니다. 아버지를 잃어버린 시대를 잘 드러내고 있습니다. 그런가 하면 많은 사람들이 아버지를 무서운 분, 술만 마시면 어머니를 때리고 자녀들을 혼내시는 분, 무능력한 분으로 체험하고 있다는 사실이 '하느님이 우리 아버지시다'는 말을 알아듣지 못하게 한다는 것입니다. 아버지를 아버지로 체험하지 못하는 데서 하느님이 자비로우신 아버지이심을 알아들을 수 없게 되었다는 것입니다.

여기에 설상가상으로 여성신학이 대두되면서 문제가 심각해졌습니다. 왜 하느님은 남성, 아버지로 표현되어야만 하는가? 하느님이 어머니일 수는 없는가? 분명 하느님은 남성도 여성도 아닙니다. 단지 예수님 시대에 자녀들을 부양하고 보호하고 사랑하는 위치에 유리한 입장에서 아버지로 비유하셨을 뿐입니다.

하느님은 남성, 여성을 뛰어넘는 분이십니다. 남성이나 여성이라는 것은 하느님이 창조하신 것이지, 이방인들 신화에 나타나듯이 하느님이 남성 신이거나 여성 신일 수 없습니다. 사실 하느님은 아버지이기도 하시고 어머니이기도 하십니다. 다만 인간을 자식처럼 사랑하고 보호하시는 분이라는 것을 드러내는 가장 좋은 개념이기에 '아버지'라는 개념이 사용되었을 뿐입니다. 아버지 하느님이란 비유의 한 가지 표현일 뿐입니다.

'하느님이 우리 아버지이시다.'라는 말을 뒤집어 이야기하면, 인간은 누구나 예외 없이 하느님의 자녀라는 점을 강조하고 있는 것입니다. 예수님은 이러한 입장에서 인간들을 바라보셨습니다. 하느님은 창조주이시고, 인간은 피조물이라는 관점에 머물지 않습니다. 인간 누구에게나 예외가 없으십니다. 남성도, 여성도, 옳은 사람도, 옳지 못한 사람도. 오히려 병자이거나 소외된 인간, 장애자일수록 의사가 더욱 필요하듯이. 보잘것없는 사람들일수록 하느님은 더욱 애정을 쏟으십니다. 세상의 부모들이 그러하듯이. 더욱이 우리의 머리카락 하나하나를 다 세어두고 계신다고 말씀하십니다.

그래서 예수님은 아주 강하게 말씀하십니다. 보잘것없는 사람들

돌아온 탕자
렘브란트(Rembrandt Harmenszoon van Rijn, 1606-1669), 에르미타슈 미술관, 러시아

가운데 어느 누구 하나라도 업신여기는 일을 하느님 아버지께서는 그냥 지나치지 않으신다고 말씀하십니다. 그리고 반대로 보잘것없는 사람 하나에게 물 한 잔 준 것, 빵 한 조각 준 것을 그냥 지나치지 않으신다고 말씀하십니다. 보잘것없는 형제 하나라도 악으로 인도하는 잘못은 엄청나서 그 잘못을 모면할 길이 없다고 말씀하십니다. 아무리 작은 선행일지라도 보잘것없는 형제 하나에게 베풀면 세상 창조 때부터 준비된 하느님의 상급이 베풀어진다고 장담하셨습니다.

우리가 하느님이 아무리 악해도 자기 자녀에게 좋은 것을 줄 줄 아는 아버지보다도 더 좋은 것을 주려고 하시는 우리의 '아빠', '아버지'라는 것을 이해하게 되면, 우리는 분명 이 세상을 힘 있고 기쁘게 살아갈 수 있을 것입니다. 더 바랄 것이 없을 것입니다. 더 든든한 배경이 없을 것입니다. 참으로 우리는 자유롭게 살 수 있을 것입니다. 그 아빠, 아버지가 얼마나 힘 있으시고 능력 있으시며, 우리를 사랑하시는 분이신지를 참으로 깨닫게만 된다면 말입니다.

그래서 사도 바오로는 말합니다. 우리는 성령을 받지 않으면 하느님을 '아빠, 아버지'라고 부르지 못한다고 합니다. 아니, 성령을 받지 않으면, 하느님이 참으로 '아빠, 아버지'라는 것을 제대로 깨달을 수 없다는 것입니다.

이스라엘 백성은 이제껏 하느님을 아버지라고 생각하고 있으면서도 '아빠'라고 부르지 못했습니다. 서자였기 때문에 홍길동이 아버지를 아버지라 부르지 못한 것과 유사합니다. 너무 높으신 분, 너무 지엄하신 분으로만 여겼기 때문입니다. 그런데 예수님이 비로소 하느님을 아빠, 아버지로 부르기 시작하셨습니다. 더 나아가 우리에게도 하느님을 '우리 아버지'로 부르도록 가르쳐 주십니다.

이스라엘은 하느님을 무서우신 분, 복수하시는 분, 정의에 빈틈이 없으신 분, 임금이나 재판관처럼 엄격하신 분으로 생각하였습니다만, 예수님은 둘째 아들이 재산을 탕진하고 돌아왔는데도 아무런 탓도 하지 않고 기쁘게 맞이하시는 아버지와 같은 분이시라고 거듭 강조하십니다.

하느님 아버지에 대한 예수님의 전대미문의 특유한 태도에서 그분을 하느님의 아들이라는 표현 이외에는 달리 드러낼 수 없다는 것을 그리스도교 공동체는 깨닫게 됩니다. 그래서 그리스도교 공동체는 우리를 하느님의 아들들이 되게 해 주신 하느님의 외아드님이시라고 고백하게 됩니다.

"아빠! 아버지! 아버지께서는 무엇이든 하실 수 있으시니, 이 잔을 저에게서 거두어 주십시오. 그러나 제가 원하는 것을 하지 마시고 아버지께서 원하시는 것을 하십시오."(마르 14,36)

이처럼 자신의 생명마저도 기꺼이 아버지라고 하시는 하느님께 온전히 내맡기시는 예수님의 태도에서 우리는 예수님을 하느님의 아드님이라고 표현하지 않을 수 없습니다.

예수님처럼 하느님을 아버지로 신뢰할 수 있을 때, 우리의 모든 것을 다 맡길 수 있을 때, 우리는 비로소 하느님의 자녀로 거듭날 수 있을 것입니다. 하느님이 우리의 아빠, 아버지라는 사실이 얼마나 큰 은총인지 언제쯤 우리는 깨달을 수 있을까요?

성자 하느님(1)

날마다 생각한 하느님 12

"태어날 아기는 거룩하신 분, 하느님의 아드님이라고 불릴 것이다."
(루카 1,35)

보이지 않고 만져지지 않는 하느님의 존재와 그분의 활동을 믿는 일도 어렵지만, 한 인간으로 태어나 우리와 함께했던 나자렛의 예수를 하느님의 아들로 믿는 일은 더욱 어렵습니다. 하느님을 믿는 사람들은 그리스도교 신자들을 비롯해서 유다인들, 이슬람교 신자들 등 많지만, 예수님을 그리스도로 믿는 사람들은 그리스도교 신자들뿐입니다.

예수님은 일찍이 생존한 적도 없으며, 그의 이야기는 한낱 신화에 불과할 뿐이라고 주장한 사람들도 있었습니다. 그래서 예수님에 관련된 역사적 기록을 찾았습니다. 사실 그 기록들은 변변치 못합니다. 플라비우스 요세푸스(Flavius Joesphus, A.D. 37-97)의 《유다 고대기》(93년경), 플리니우스(Plinius, 62-114)의 서한, 푸블리우스 코르넬리우스 타키투스(Publius Cornelius Tacitus, 55-120)의 《연대기》(116년경), 가이우스 수에토니우스 트란퀼루스(Gajus Suetonius Tranquillus, 75-150)의 《황제 열전》 등이 고작입니다.

이러한 기록들에는 그리스도교를 설명하는 가운데 창시자로서 빌라도 총독 때 처형된 예수님, 유다인으로부터 돌에 맞아 처형된 예수의 형제 야고보, 그리고 로마 제국이 위험한 미신으로 간주하여 그들의 처벌에 대해 황제에게 구하는 조언, 로마를 방화했던 네로와 민심 수습용으로 그 죄를 뒤집어 쓴 그리스도교인들, 로마에서 그리스도교 유다인의 소요와 추방 등과 관련되어 그들의 창시자로서 예수님에 관한 빈약한 자료들뿐입니다.

그렇지만 예수님이 실존인물이었음을 확실히 알려 주는 데는 공헌을 한 셈입니다. 이러한 역사적 자료로 예수님이 누구인지, 과연 하느님의 아드님이신지 알아내는 일은 가능하지 않습니다. 예수님에 관하여 기록한 제자들의 복음서 외에는 그분께 접근할 방법이 달리 없습니다.

물론 복음서는 역사서도 아니요, 예수님의 전기나 자서전도 아닙니다. 제자들의 신앙이 깃든 신앙 진술서입니다. 이런 이유로 복음서는 역사 외적 사건, 예수의 외모나 전기에는 별 관심이 없었다고 할 수 있습니다. 그렇지만 모든 문학의 유형들이 그렇듯이 나름대로 진실을 전하려는 의도를 지니고 있다는 점을 인정하게 됩니다.

다행스럽게도 우리는 서로 비교해 볼 수 있을 만큼 다양한 복음서를 갖고 있습니다. 이 4복음서를 토대로 우리는 예수님의 모습을 다음과 같이 정리할 수 있을 것입니다.

예수님은 세례자 요한이 역사의 무대에서 사라지자, 그가 선언했던 하느님 나라라는 메시지와 세례 운동을 이어받아 공적 활동을 시작하셨습니다. 세례자 요한이 세속을 떠나 광야에서 고행을 하며 살았지만, 예수님은 그와 달리 백성들과 더불어 그들 속에서 사셨습니다. 예수님에게는 인간이 하느님께서 창조하신 '보시기에 좋은' 피조물이었기 때문입니다.

세례자 요한이 하느님의 심판으로 하느님 나라를 선언하였지만, 예수님은 지금 이루어지고 있는 하느님의 구원 제공이 우선이었으며, 거룩하신 하느님을 조건 없이 사랑하시는 아버지로 선포하는 것이 급선무였습니다. 예수님이 강조한 것은 바로 하느님의 용서였습니다. 이 용서가 참회와 회개를 불러 일으켰습니다.

예수님은 실제로 백성에 대한 당신의 처신에 있어서 새로움을 보여 주셨습니다. 죄인들, 종교 의식적으로 부정한 사람들과 사귀셨습니다. 유다교 안식일 계명을 위반하시고, 정결례 법을 폐기하셨습니다. 이런 태도는 거의 확실한 것으로 증언되는 사건입니다. 왜냐하면 "이 사람은 먹기를 탐하고 술을 좋아하고, 세리들과 죄인들의 친구"라는 비웃음과 조롱의 소문이 떠돌 정도였기 때문입니다.

그렇다고 예수님에게서 어떤 계급투쟁의 혁명이나 사회비판을

성전 정화
지오토(Giotto di Bondone, 1266-1337), 스크로베니 성당, 파두아, 이탈리아

찾아볼 수는 없습니다. 가령 세리의 경우, 그들은 억눌린 민중의 편이 아니라 사실은 로마 제국 점령군의 협력꾼들이었기 때문입니다. 예수님은 이 세리들을 위해서도 존재하셨습니다. 하느님의 사랑은 이 세리들에게도 해당되는 것이었기 때문입니다. 예수님에게 하느님은 사람들의 하느님, 곧 모든 사람들의 하느님이셨습니다.

성경을 이해하는 데 있어서도 예수님은 초연하고 자유로운 태도를 보이셨습니다. 이 태도는 당대에 통용되던 기준과 예상을 완전히 뒤엎은 미증유의 것이었습니다. 복음서에 전승된 여러 일화들에서 지금도 우리가 읽어 볼 수 있는 것과 같이, 예수님은 당대의 율법학자들에게 율법 실천에 대해 이의를 제기하셨습니다. 이 때문에 유다교 지도자들과 충돌을 일으켰습니다.

예수님에게 하느님의 계명은 사람을 위해서만 존립합니다. 예수님은 하느님의 뜻을 해석하면서 때로는 구약 자체에 이미 명문으로 밝혀져 있는 규정들에 대해서도 정반대되는 태도를 보이셨습니다. 여기서 예수님이 구약의 율법을 인정하셨는가 아니면 거기에 비판을 가하셨는가를 그저 판가름하려 한다면, 그것은 단순한 태도입니다.

예수님은 율법에서 하느님의 뜻이 인식될 수만 있다면 그것을 긍정하셨습니다. 그러나 거기에 '인간들의 완고함'이나 오해가 있었다면 이를 가차 없이 문제 삼으셨습니다. 예수님은 철저하게 하느님 중심으로 사셨습니다. 그분이 이해하신 하느님은 선한 사람과 악한 사람을 가리지 않고 모든 사람들에게 태양을 떠오르게 하고 비를 내려 주시는 분이었습니다(마태 5,45 참조).

예수님의 기적과 악마 추방이라는 활동도 하느님 나라가 인간의 영육 모두에게 해당되는 전인적인 구원을 의미하는 것이었습니다. 동시에 이 구원은 회개하고 믿음에 이르는 사람들이라면 누구에게나 무조건적으로 제공된다는 것을 표현하고 있습니다.

예수님의 이런 공적 활동은 처음부터 많은 사람들의 감탄을 자아냈습니다. 하지만 어떤 사람들은 예수님의 이런 태도를 거부하며 노여움을 터뜨리고 그분을 미워하기도 했습니다. 경건한 유다인 일수록 예수님의 이런 태도를 하느님을 모독하는 일로 보았습니다. 특히 유다교 지배 계층으로부터 적대감과 미움을 사게 되었고, 이런 대립으로 말미암아 거짓 예언자로 몰려 사형에 이르기까지 되었습니다. 그분의 십자가 사건은 그분의 공적 활동 안에 내재하는 하나의 필연적인 결과였던 셈입니다.

역사적으로 뚜렷하게 드러나는 또 한 가지는 예수님의 십자가상 죽음입니다. 이 사건 역시 4복음사가 모두가 전하고 있습니다. 십자가상의 죄목은 '유다인의 왕'이라는 것이었습니다. 예수님이 자신을 일컬어 직접 메시아라고 주장했다고 여겨지지는 않습니다. 하지만 그의 종말론적인 선포는 메시아에 대한 여러 가지 기대와 어떤 의미의 메시아 운동을 불러일으킨 것이 분명합니다.

물론 유다교 율법에서 메시아로 자처했다고 해서, 그 자체로 십자가에 처형될 만한 범죄는 아니었습니다. 그러나 예수님을 미워하던 유다교 지도자들에게 좋은 구실로 악용될 소지는 충분히 있었습니다. 사실 예수님은 유다교 지도자들에 의해 본시오 빌라도 총독에게 정치적 선동자로 고발되었고, 로마 당국은 어느 정도 정치적 타협으로 유다교 지도자들의 제안을 받아들였습니다.

결국 예수님은 두 세력 간의 모함과 권모술수로 십자가에 희생된 것으로 보아 무방할 것입니다. '유다인의 왕'이라고 하는 죄목이 여러 가지 해석과 공상을 불러일으켰습니다. 그래서 어떤 사람들은 예수님이 순전히 정치적 메시아관을 내세웠고, 정치적 불안 요소를 의식적으로 퍼트렸으며, 심지어 예수님이 일종의 혁명기수로 활약했을 것이라는 견해를 내세우기도 했습니다.

그러나 이것은 그분이 가르치신 설교 내용과 정면으로 어긋납니다. 예수님은 원수까지도 사랑하라고 가르치셨습니다. 예수님은 상처를 고쳐주려 하셨지, 결코 아픈 곳을 찌르려 하지 않으셨습니다. 그분이 걸어가신 길은 폭력의 길이 아니라 비폭력과 봉사의 길이었습니다.

당시 로마 제국이 점령하였던 팔레스티나와 유다 민족은 비록 정치적으로는 자립하지 못하고 있었지만 성전을 중심으로 하는 종교 체제는 사실상 일종의 신성국가였습니다. 그러기에 예수님의 처형은 유다교 지배 계층의 획책이 없었다면 성사되지 않았을 것입니다. 특히 사두가이 사람들이 예수를 사지로 몰고 가는 데 앞장을 서게 된 계기는, 소위 말하는 '성전 정화' 사건과 예수의 전권을 둘러싼 시비에 휘말려 있었기 때문입니다(마르 14,58 참조).

여기에 좀처럼 죄를 짓지 않으려던 바리사이들마저도 쉽게 동의할 수 있는 이유가 있었다면, 그것은 예수님의 도발적이고 공격적인 태도였을 것입니다. 실제로 예수님은 자기 특유의 독자적인 권위를 가지고 여러 가지 구체적인 결론을 끌어내셨고, 동시에 유다교에 정면 도전을 하셨습니다.

이러한 기록을 놓고 예수님이 과연 누구이셨는가를 살펴보자면, 여러 가지 의견이 있을 수 있습니다. 어떤 사람은 메시아로, 어떤 사람은 하느님의 모독자, 거짓 예언자, 반란자로 이해하였습니다. 헤로데는 그를 바보로 취급하였고(루카 23,6-12), 그분의 친척들조차도 한때 그분을 미친 사람으로 생각하였습니다(마르 3,21). 민중 사이에는 여러 가지 풍문이 있었는데, 하나는 되살아난 세례자 요한이라는 것이요, 또 하나는 재림한 엘리야 예언자 혹은 여러 예언자들 가운데 하나라는 것이었습니다.

성경 작가들도 예수님이 누구이신지를 규명하기 위해 수많은 칭호를 사용하였습니다. '하느님의 아들' '오시기로 되어 있는 분' '요셉의 아들' '임마누엘' '육이 되신 하느님의 말씀' '하느님의 독생 성자' '마리아의 아들' '목수의 아들' '목수' '안식일의 주인' '상속자' '하늘에 오르신 분' '부활하신 분' '죄인들의 친구' '왕' '이스라엘의 왕' '메시아' '그리스도' '왕 중의 왕' '만물의 주님' '다윗의 후손' '하느님 백성의 우두머리' '양날 칼을 지니신 분' '정의의 태양' '평화의 왕자' '착한 목자' '문' '생명의 빵' '하늘에서 내려온 살아 있는 빵' '건축가들이 내버린 돌' '걸림돌' '하느님의 종' '하느님의 어린 양' '희생 양' '살아 있는 희생 제물' '무죄한 희생' '대사제' '하느님과 인간의 중재자' '천상 예루살렘의 성전' '약속의 보증인' '구세주' '의사' '변호사' '랍비' '예언자' '세상의 빛' '먹보' '술보' '베엘제불' '신랑' '심판관' 약 100여 가지를 찾아낼 수 있을 것입니다.

오늘날에도 예수님을 묘사하는 데 사람마다 다르게 그리고 있습니다. '인도주의자' '방랑 설교가' '비타협주의자' '자유인' '슈퍼스타' '혁명가' ……. 이러한 여러 가지 칭호들은 예수님이 어느 한 가지 도식이나 틀에 맞추어 설명할 수 있는 분이 아니라는 사실만을 알려줄 뿐입니다.

나에게 예수님은 누구십니까?

성자 하느님(2) 그리스도(메시아)

"스승님은 살아 계신 하느님의 아드님 그리스도이십니다."(마태 16,16)

그리스도인이란 예수님을 그리스도로 믿는 사람들입니다. 그리스도란 기름을 발린 사람이란 뜻의 그리스어입니다. 히브리어로는 메시아라고 합니다. 그 시절 기름을 몸에 바르게 된 사람은 왕이었습니다. 성별(聖別)의 의미를 지닙니다. 사실 고대에 몸에 기름을 바른 사람들은 씨름 선수들, 격투사들이었습니다. 상대편에게 잘 잡히지 않도록 하기 위한 한 가지 수단이었습니다. 그리고 몸에 상처가 났을 때 상처를 치유하는 뜻도 담겨 있습니다.

어느 사람에게 기름을 부어 왕으로 세우는 뜻은 적에게 잘 잡히지 않기를 바라는 것입니다. 옛날 전쟁에서 왕이 잡히면 전쟁에서 지는 것이기 때문에 왕은 특별히 직으로부터 보호되어야 하는 존재였습니다. 그러므로 기름을 바르게 된다는 것은 왕이 된다는 것을 의미했습니다.

이스라엘의 왕정은 사울로부터 시작합니다. 이스라엘 백성이 왕정을 세운 것은 잦은 이민족의 침입에 신속하게 대처하여 백성의 평화와 안정을 도모하고자 했기 때문입니다. 신속한 대처는 12부족장 회의를 통해 총사령관을 임명하는 것보다 중앙집권적 왕권의 통솔하에서 더 손쉽게 이루어질 수 있기 때문입니다.

그러나 이스라엘 왕정사는 이스라엘 백성의 본래 의도와는 달리 왕들의 권력 남용으로 점철되어 있습니다. 다윗 왕은 부하의 아내를 빼앗았습니다. 아합 왕은 나봇의 포도밭을 갈취하였습니다. 수많은 왕들이 이스라엘의 자녀들을 군대에 입대시켜 군사 훈련을 시키고, 딸들을 하녀로 삼았습니다.

그때부터 이스라엘 백성은 정말 왕다운 왕, 누구보다도 하느님을 경외하고 하느님의 백성을 잘 돌보는 참다운 왕 메시아의 탄생을 기다려 왔습니다. 예수님 시대에 메시아의 탄생에 대한 기다림은 그 절정에 이렀습니다. 이스라엘 백성의 왕정이 무너지고, 오랜 세월 동안 강대국의 식민지의 삶을 살아가고 있었기 때문입니다.

그렇다면 과연 지상 활동 중에 예수님은 자신을 왕, 곧 메시아라고 주장한 적이 있었을까요? 여기에 대한 답변은 상당히 부정적입니다. 그럼에도 불구하고 메시아 내지 그리스도라는 칭호는 예수의 고유한 이름이 되기까지 이르는 가장 중요한 그리스도론적 칭호입니다. 이 칭호는 일찍이 인자라는 칭호나 하느님의 아들이라는 칭호와도 혼합되어 나타납니다.

메시아에 대한 사람들의 기대는 각양각색이었습니다. 아주 초기에는, 즉 구약 성경에서는 이스라엘 신앙은 어떤 특정한 구세주적 인물을 기다린 것이 아니라 하느님 자신과 하느님의 다스림을 희망하였습니다. 그러다가 왕정제가 생겨나면서 새로운 메시아관이 생겨났습니다. 왕은 사제나 예언자처럼 야훼의 대리자로서 기름을 몸에 바르게 되었습니다.

다시 말해 야훼의 지상의 대리 통치자로 이해되었습니다. 그래서 왕위에 오르는 사람에게 만천하를 다스릴 통치권이 약속되었습니다. 그러나 바빌론이나 아시리아 같은 대국들이 주변에 도사리고 있는 마당에 강대국을 제치고 이스라엘의 왕을 세계의 왕으로 약속하는 것과 마찬가지로 터무니없는 억지였습니다. 그러기에 "당신은 과연 오시기로 되어 있는 분입니까? 아니면 우리는 다른 분을 기다려야 합니까?" 하고 질문을 하지 않을 수 없었습니다.

전설처럼 화려했던 다윗 왕국의 재현을 꿈꾸던 백성은 쉽게 다윗의 후손에게서 세상을 제패할 통치자가 나오리라는 희망을 가졌습니다. 이 희망은 일찍이 나탄이 다윗에게 하느님의 이름으로 "나는 그의 아버지가 되고 그는 나의 아들이 될 것"(2사무 7,12-16 참조)이라고 한 예언이 중요한 근거가 되고 있습니다.

다윗의 후손 중에서 장차 구세주가 태어나리라는 언약 역시 나중에 여러 가지 모양으로 나타납니다. 제2 이사야는 일찍이 구세주를 수난하는 야훼의 종으로 보았습니다(이사 42,1-7; 49,1-9; 50,4-9; 52,13- 53,12). 즈카르야는 두 인물의 메시아가 나타나는데 하나는 왕으로서의 메시아이고 다른 하나는 대사제로서의 메시아라고 하였습니다(즈가 4,11-14).

예수님 시대에 와서도 각양각색의 메시아 대망 사상이 있었습니다. 열혈당원들은 정치적이고 민족적인 메시아를 기다렸으며, 랍비들은 율법의 교사로서의 메시아를 기다리고 있었습니다. 이밖에도 메시아를 종말의 대사제, 예언자. 재림할 엘리야 예언자, 하느님의 종, 인자 등으로 보았습니다. 이와 같이 메시아 칭호는 그 의미가 확정되지 않았고 불투명하였습니다. 그래서 오해되기도 했습니다.

그런데 복음서에 따르면, 예수님은 이 메시아 칭호를 한 번도 자신에게 적용한 적이 없으십니다. 예수님의 사명을 분명히 하기에 이 칭호가 너무 애매모호하였고 오해받기 쉬웠습니다. 예수님에게 이 칭호를 붙여 준 사람은 예수님 자신이 아니라 제3자들이었습니다. 예수님은 제3자들이 붙여 준 이 칭호에 대해서 그 의미와 내용을 수정하거나 비판하였습니다.

우선 마르코 복음서를 보면, 예수님은 이상하리만치 메시아로서의 품위에 대해서 침묵을 지킬 것을 강조하고 있습니다(3,11 이하; 8,30). 치유의 기적을 행하신 다음에 그들에게 그 사실에 대해서 입을 다물 것을 다짐시킵니다(1,44; 5,43; 7,36; 8,26). 이런 사실을 지적하면서 일부 신학자들은 예수님의 생애는 결코 메시아적이 아니었다고 주장합니다. 만일 그렇다면, 만일 예수님의 생애가 메시아적인 것이 아니었다면, 어느 신학자의 지적대로 예수님의 죽음을 알아들을 길이 없습니다.

예수님이 처형된 죄목은 아주 공적으로 드러나 있습니다. '유다인의 왕 나자렛 예수'였습니다. 이 역사적 사실에 대해서는 조금도 의문의 여지가 없습니다. 예수님은 분명히 로마인들에 의해 자칭 메시아임을 주장한 거짓말쟁이로, 로마 황제 카이사르에게 반역하는 정치적 선동자로 처형되었다는 것을 의미합니다. 그런 죄목으로 고발되었다면, 그것이 비록 음모요 모함이라고 할지라도, 음모나 모함을 이룰 만한 어떤 계기가 있었어야 할 것입니다.

카이사리아 필리피에서 백성이 예수님을 두고 일컫던 여론을 떠올릴 수 있습니다. 백성의 여론은 가지각색이었습니다. 베드로는 "선생님은 메시아이십니다."라고 고백하였습니다. 이 고백에 대한 예수님의 대답은 이상하게도 엄중한 침묵을 지키라는 것이었습니다. 여기에 인자의 수난에 관한 말씀이 덧붙여지고 있습니다.

이런 사실을 놓고 어느 신학자는 다음과 같이 해석하고 있습니다. 예수님의 제자들은 자기네 스승을 이미 메시아로 고백하고 있었다는 것입니다. 그러나 이 고백은 당시 유포되어 있던 민중의 견해와는 달랐습니다. 따라서 그것은 정치적 의미의 메시아 사상이 아니었습니다.

물론 예수님의 제자들 가운데는 과거에 열성당원이었거나 그런

베드로의 발을 씻기는 예수님
프라 안젤리코(Fra Angelico, 1387~1455)

운동에 가담한 사람들도 있었고, 그때 그들은 정치적 메시아를 희망한 것도 사실입니다. 그렇지만 예수님은 자기의 행적을 정치적으로, 더구나 열성당원의 정치적 이념을 따라서 이해하는 것을 거부하였습니다.

페쉬라는 신학자의 견해에 따르면, 예수님의 메시아관은 절대적 순종을 요구하는 하느님의 마지막 말씀을 전하는 예언자의 모습입니다. 그러나 예수님은 이러한 메시아관조차도 뛰어넘지 않으십니다. 실제로 예수님은 고난을 하느님께서 예정하신, 모면할 수 없는 필연적인 것으로 이해하심으로써 베드로의 메시아 이해를 간접적으로 거부하신 것입니다.

분명히 예수님은 언제나 정치적으로 오해될 수 있는 위험을 지닌 메시아 이해를 수정하지 않고 그대로 받아들일 수는 없으셨습니다. 이러한 문맥에서 살펴볼 수 있는 본문이 바로 산헤드린 앞에서 행하신 예수님의 법정 진술입니다. 물론 이것은 재판 기록이 아닙니다. 예수님의 제자들 가운데 그 누구도 이 재판을 방청할 수 없었습니다.

이 진술은 후대의 산물로서 그리스도론적 반성을 드러내고 있습니다. 그렇지만 메시아에 관한 질문이 재판에서 중요한 역할을 한 것만큼은 틀림없습니다. 예수님은 '유다인의 왕'이라는 죄목으로 처형되었기 때문입니다. 다시 말해, 이 명패에 따르면 자신을 메시아라고 자처했기 때문에 죄가 되었다는 이야기입니다.

예수님은 재판 과정에서 자기가 메시아라는 어떤 자백을 강요받았다고 해도 틀린 말이 아닐 것입니다. 복음서는 예수님이 빌라도 앞에 섰을 때, 빌라도로부터 "당신이 유다인들의 임금이오?"(마태 27,11), 즉 "당신이 메시아냐?"라는 질문을 받았다고 전합니다. 여기에 대한 예수님의 대답은 "예"도 "아니오"도 아니었습니다. "네가 그렇게 말하고 있다."라는 것이었습니다.

이 확실하지 않은 말을 두고 어떻게 알아들어야 할지 해석이 구구할 수 있습니다. 예수님 자신이 '예' 할 것은 '예'라고 하고 '아니오' 할 것은 '아니오'라고 분명히 대답하도록 요구하십니다. 우선 이렇게 풀이할 수 있습니다.

빌라도가 의미한 메시아는 무엇인가? 그것은 분명히 정치적인 인물로서의 구세주였습니다. 그런 점에서 예수님은 메시아가 아니셨습니다. 그렇다고 전혀 메시아와 상관없는 인물이었는가? 그것도 아닙니다. 결국 답은 불확실할 수밖에 없습니다. 복음서는 예수님이 분명히 메시아이심을 한결같이 고백합니다. 그 메시아는 새로운 의미의 메시아였습니다.

예수님은 많은 유다인들이 바라마지않던 정치권력을 장악한 메시아로서 어떤 정치 세력이 아니셨고, 그분이 거슬러 싸우신 것은 로마 통치자도, 로마 군인도, 헤로데도 아니었습니다. 그분의 적수는 악이라고 하는 사탄의 세력이었습니다.

사실 예수님은 권력을 장악하려 하지도 않으셨고, 폭력을 사용하려 하지도 않으셨습니다. 섬김을 받기보다는 섬기는 자가 되기를 제자들에게 누누이 당부하셨던 예수님은, 메시아에게 지배권이 불가결의 요소라면 그 지배권은 봉사를 통해 실현된다고 보신 것입니다. 여기서 우리는 예수님이 고난의 길을 묵묵히 걸어가시며 봉사하시는 메시아의 모습을 실현한 것이라 볼 수 있습니다.

한마디로 예수님은 십자가의 메시아이셨습니다. 이런 새로운 이해는 예수님이 자칭 메시아라고 주장하지 않으셨고, 빌라도의 질문에 애매모호하게 답변하셨고, 제자들이나 치유를 받은 사람에게 침묵을 지킬 것을 권하신 것에 대한 설명이 될 수 있습니다.

우리에게 예수님은 어떤 메시아입니까?

성자 하느님(3) 사람의 아들 또는 인자(人子)

"너희는 사람의 아들이 전능하신 분의 오른쪽에 앉아 있는 것과 하늘의 구름을 타고 오는 것을 볼 것이다."(마르 14,62)

성경에는 예수님에 대한 많은 호칭 또는 칭호가 나옵니다. 자세히 따져 보면 100가지도 넘을 것입니다. 그 가운데서도 매우 중요한 호칭으로 '메시아'(그리스도), '하느님의 아들', '다윗의 후손', '주님', '사람의 아들'(인자) 등이 있습니다.

그 가운데 '메시아-그리스도'라는 칭호가 주로 제3자의 입에서 오르내리는 것과 대조적으로 '사람의 아들'이라는 칭호는 주로 예수님 자신의 입에서 나오는 칭호였습니다. '사람의 아들'이라는 표현은 복음서에서 약 80여 번 사용되고 있음을 찾아 볼 수 있습니다.

'사람의 아들' 또는 '인자'(人子)라는 칭호는 사도 7,56; 묵시 1,13; 14,14의 세 곳을 제외하면 복음서에서만 볼 수 있는 칭호입니다. 구체적으로 마르코 복음에 14번, 마태오 복음에 30번, 루카 복음에 25번, 요한 복음에 13번 사용되고 있습니다.

이렇게 볼 때, 이 칭호가 초대 교회에서 상당히 중요한 의미를 지니고 있었다고 할 수 있습니다. 도대체 '사람의 아들'이라는 인물은 누구를 가리키며 무엇을 의미하는가? 이 말씀의 기원은 물론 그 의미에 대해서, 아직까지 분명하고도 일치된 해석을 기대하고 있지 못한 실정이긴 합니다.

우선 구약 성경에서는 하느님이 예언자에게 말을 걸어오실 때 그를 불러내는 호칭으로 사용되었습니다. 또 인간을 고상하게 표현하기 위해 14번 사용되었으며, 다니엘서에서는 어떤 천상적 인물을 지칭하는 데 사용하였습니다. 따라서 하늘의 구름을 타고 오는 '천상 인자'는 하느님의 종말론적 통치를 대리하는 분, 지극히 높으신 분의 거룩한 자, 참된 이스라엘의 대표자를 지칭하는 것으로 보입니다.

복음서에 나타나는 '사람의 아들'에 관한 말씀은 세 부류로 나타납니다.

첫째, 예수님의 지상 활동과 관련되어 '사람의 아들'이라는 칭호가 나타납니다. 우선 죄의 용서에 관한 말씀과 관련하여 이 용어가 나타납니다.

"'너는 죄를 용서받았다.' 하고 말하는 것과 ' 일어나 네 들것을 가지고 걸어가라.' 하고 말하는 것 가운데에서 어느 쪽이 더 쉬우냐?

이제 사람의 아들이 땅에서 죄를 용서하는 권한을 가지고 있음을 너희가 알게 해 주겠다."(마르 2,9-10)

안식일의 계명을 폐기하는 말씀과도 연관되어 나타납니다.

"안식일이 사람을 위하여 생긴 것이지, 사람이 안식일을 위하여 생긴 것은 아니다. 그러므로 사람의 아들은 또한 안식일의 주인이다."(마르 2,27-28)

"요한이 와서 먹지도 않고 마시지도 않자, '저자는 마귀가 들렸다.' 하고 말한다. 그런데 사람의 아들이 와서 먹고 마시자, '보라, 저자는 먹보요 술꾼이며 세리와 죄인들의 친구다.' 하고 말한다."(마태 11,18-19)

"요나가 니네베 사람들에게 표징이 된 것처럼, 사람의 아들도 이 세대 사람들에게 그러할 것이다."(루카 11,30)

둘째, 고난과 관련하여 '사람의 아들'이라는 표현이 나타납니다. '사람의 아들'은 반드시 많은 고난을 받고 원로들과 대사제들과 율법학자들에게 버림을 받아 그들의 손에 죽었다가 사흘 만에 다시 살아나시게 될 것임을 계속해서 반복하고 있습니다(마르 8,30; 9,32; 10,33). 처음에는 고난을 당하다가 나중에는 영광 중에 높임을 받는다는 '수난 받는 의인'의 모습으로서의 '사람의 아들'입니다.

셋째, 세상 종말 사건과 관련되어 '사람의 아들'이라는 표현이 나타납니다.

"달은 빛을 내지 않으며 …… '사람의 아들이' 큰 권능과 영광을 떨치며 '구름을 타고 오는 것을' 사람들이 볼 것이다. 그때에 사람의 아들은 천사들을 보내어, 자기가 선택한 이들을 땅 끝에서 하늘 끝까지 사방에서 모을 것이다."(마르 13,24-27)

"그렇다. 너희는 사람의 아들이 전능하신 분의 오른쪽에 앉아 있는 것과 하늘의 구름을 타고 오는 것을 볼 것이다."(마르 14,62)

여기서 예수님의 말씀은 현재의 당신 말씀을 받아들이고 거부하는 것이 바로 종말의 결정과 깊은 관련이 있음을 암시하고 있습니다.

과연 예수님이 말씀하시는 '사람의 아들'은 예수님이 자신을 두고 사용하신 칭호일까 아니면 자신이 아니라 다른 제3자를 두고 사용하신 표현일까? 여기에 관해서는 학자들 간의 의견이 분분합니다. 그러나 복음서를 비교해 보면 예수님께서 당신 자신을 에둘러 표현하고 있다는 것을 쉽게 알 수 있습니다. 공관복음서를 서로 비교해 보면 잘 드러납니다.

예를 들면, 마태 2,11에서는 "사람들이 나 때문에 너희를 모욕하고 박해하며, 너희를 거슬러 거짓으로 온갖 사악한 말을 하면, 너희는 행복하다!"라고 전해지는가 하면, 똑같은 내용이 루카 6,22에서는 "사람들이 너희를 미워하면, 그리고 사람의 아들 때문에 너희를 쫓아내고 모욕하고 중상하면, 너희는 행복하다!"라고 전해지고 있습니다.

또 마태 16,13에서 "사람의 아들을 누구라고들 하더냐?"라고 제자들에게 물으신 것이 마르 8,27에서는 "사람들이 나를 누구라고 하느냐?"라고 물으신 것으로 나타납니다. 물론 예수님께서 "나는 사람의 아들이다."라고 말씀하신 적은 한 번도 없습니다. 그렇긴 하더라도 예수님이 자신을 두고 '사람의 아들'이라는 칭호를 사용하셨다는 것은 명백합니다.

또 '사람의 아들'이라는 칭호를 사도 7,56에서 스테파노가 치명하기 직전 마지막 설교에서 사용하고 있습니다.

"하늘이 열려 있고 사람의 아들이 하느님 오른쪽에 서 계신 것이 보입니다."

여기서 그 '사람의 아들'이 예수 그리스도라는 것은 자명합니다. 그런데 사도 바오로는 한 번도 이 호칭을 사용한 적이 없습니다. 이런 점으로 미루어보아 이미 초대 교회에 처음부터 '사람의 아들'이라는 호칭이 잘 알려져 있었다는 것을 알 수 있습니다. 그리고 또한 이 '사람의 아들'이라는 칭호는 어떤 신앙 고백의 칭호가 아니었다는 사실입니다. '메시아'라든가 '하느님의 아들'이라든가 또는 '주님'이라는 칭호는 신앙 고백과 깊게 관련되어 있습니다. 그분에 대한 신앙 없이 그러한 명칭을 사용하기 어렵습니다. 사도 바오로는 주로 신앙을 고백하는 칭호만을 사용하였으며, 부활하신 예수님을 그리스도로 고백하는 것과 상관없는 '사람의 아들'이라는 칭호는 사용하지 않았다고 말할 수 있습니다. 사도 바오로에게는 예수님은 무엇보다 신앙의 대상이었기 때문입니다.

최후의 심판
슈테판 로흐너(Stephan Lochner, 1400-1451), 발라프 리하르츠 미술관, 쾰른, 독일

이처럼 수수께끼 같은 '사람의 아들'이라는 표현으로 하느님의 계획과 인간들의 운명이 그분을 계기로 또 그분을 통해서 결정된다는 것을 보여 주고자 하였습니다. 이런 의미에서 예수님은 이 칭호를 즐겨 사용하셨고, 제자들은 그 표현을 간과하지 않았던 것입니다.

복음서를 보면, '사람의 아들'이라는 칭호는 예수님이 지상생활 중의 자신은 물론, 죽음을 초월한 미래에 있어서의 자기 자신이나 또 재림 때에 올 자신을 가리키는 데 적절한 칭호로서 사용하셨을 것입니다. 따라서 이 칭호는 예수님의 자아를 드러내며, 또 한편으로 예수님의 생활 전체를 잘 요약해 주는 명칭으로 이해됩니다. 이 명칭 안에는 '사람의 아들'이신 주님을 믿는 자는 재림 때 구원될 것이라는 확신이 담겨 있습니다.

저는 예수님이 이 칭호를 사용하시면서, 암암리에 어떤 사실들은 포괄적으로 예수님 자신을 넘어서, 모든 인간들이 바로 '사람의 아들'로서 자신에게 잘못한 다른 사람들의 죄를 용서하는 권한을 지닌 존재들이며 또한 안식일의 주인임을 암시해 주려고 하셨다고 이해합니다.

우리의 죄를 용서해 주시는 분은 하느님이시고 그분의 아드님이시지만, 우리도 우리에게 잘못한 사람을 용서할 수 있고 용서해야 하는 주체라는 사실입니다. 또한 안식일의 주인은 주님이시지만, 사람을 위한 안식일인 만큼 모든 인간이 사람의 아들로서 안식일의 주체라는 점도 시사하는 것입니다.

'사람의 아들'이란 용어는 참으로 그분이 인간이 되셨으며, 또한 우리 여느 인간과 함께 그 특권을 나누고자 하신 뜻으로 예수님께서 현명하게 선택하신 용어이며, 참으로 깊고 많은 의미를 담고 있는 칭호가 아닐 수 없습니다.

레바논의 시인 칼릴 지브란은 《사람의 아들 예수》라는 저서에서 '그로부터 1900년 후 레바논에서 온 사람', 곧 자신의 눈으로 본 예수를 다음과 같이 노래합니다.

"주여, 빛이신 주여!
장님의 더듬거리는 손끝에 머무는 당신의 눈길
당신은 여전히 놀림 받고 무시당합니다.
하느님이라 부르기엔 너무나 나약한 사람
찬양을 드리기엔 너무 인간적인 신이라고.
그들의 찬송과 기도
그들의 성찬과 묵주는 자신을 자유롭게 하기 위한 것입니다.
당신은 아직 그들에게서 멀리 있는 자요,
열망이며 고통이십니다.
그러나 주여, 하늘의 중심이시여, 우리 꿈의 주인이시여!
당신은 오늘도 이 땅을 밟고 오시며,
활도 창도 당신의 걸음을 멈추지 못합니다.
당신은 우리의 화살을 뚫고 오시며
당신의 미소를 우리에게 주십니다.

당신은 우리 가운데 가장 젊으시며,
아버지 역시 그러하십니다.
시인이며 노래 부르는 자며
한없이 너그러우신 주여!
당신의 이름에 축복이 있으며,
당신을 낳은 태중과 젖을 먹인 가슴에 축복이 가득할 것입니다."

성자 하느님(4) 하느님의 아들

"스승님, 스승님은 하느님의 아드님이십니다."(요한 1,49)

　예수님이 자신을 일컬어 '나는 하느님의 아들이다'라고 선언하신 적은 없습니다. 그렇다면 어떻게 우리 교회는 그분에게 감히 '하느님의 아들'이라는 영예로운 칭호를 드리게 되었을까요? 교회가 그분에게 아부하기 위해서 이 호칭을 사용하였을까요?

　물론 신화에서는 신과 신 사이에서 태어난 자식을 '신의 아들'이라 불렀습니다. 헤시오도스는 그리스 신들의 계보를 기록해 놓았습니다. 신 크로노스는 여신 레아에게서 화덕의 신 헤스티아, 농업의 신 데메테르, 사랑의 수호여신 헤라, 지하를 다스리는 하데스, 바다를 다스리는 포세이돈 그리고 하늘을 장악한 제우스를 낳았다고 전합니다.

　고대 사회에서는 영웅들을 일컬어 '신의 아들'로 일컫기도 했습니다. 특별한 재질을 타고 태어난 위인이나 명인을 두고도 '신적 인간'이라고 하였으며, 명군, 명의, 철학자들에게도 이 호칭이 부여되었습니다. 스토아 철학의 영향으로 모든 인간은 동일한 '로고스'에 참여하기 때문에 모두 '신의 자녀'로 통하기도 했습니다.

우리 시대도 특권을 누리는 사람들을 '신의 아들'이라고 비아냥거립니다. 제가 군에 입대할 때만 해도 군 복무를 면제받은 사람들을 '신의 아들'이라 하였고, 3년의 군 복무 대신 6개월간 방위병으로 근무하게 된 사람들을 '장군의 아들'이라 하였으며, 아무런 혜택도 받지 못하고 입대해야 하는 처지의 사람들을 '어둠의 자식들'이라고 했습니다. 공평하지 못한 세상에 대한 풍자요 비아냥거림이었습니다.

예수님은 생식적인 측면에서는 제우스와 같은 의미에서 '하느님의 아들'이 아닐 것입니다. 영웅이나 위인의 의미에서도 '하느님의 아들'이 아닙니다. 그렇다고 특혜를 받는 특권층의 사람으로서 '신의 아들'도 아닙니다.

예수님에게 불러 드렸던 '하느님의 아들'이라는 칭호는 4세기경의 중요한 신앙 고백이었습니다. 하느님의 아들임을 인정하는 사람들과 인정하지 못하는 사람들의 대결로 모처럼 콘스탄틴 대제가 통일한 로마 제국은 두 동강이 날 처지가 되었습니다. 그래서 문제 해결을 위하여 니체아 공의회(325년)가 열렸습니다.

이 공의회에서 예수 그리스도는 하늘에 계신 하느님 아버지와 본질이 동일하신 '하느님 아드님'으로 선언되었습니다. 이 칭호는 예수님의 권리 주장을 적절하게 드러내 주는 칭호의 하나임에 분명합니다. 이 칭호는 신약 성경과 초대 교회에서 전개되었던 신앙 고백의 발전 과정에 있어서 중요한 역할을 담당하고 있습니다.

이 칭호는 두말할 것도 없이 초대 교회에서 부활 체험 이후 예수님께 적용한 이름입니다. 초대 교회가 예수님께 이 칭호를 부여할 때, 이미 구약 성경에서 '하느님의 아들'이라고 호칭했던 것과는 다른 뜻이 있습니다.

구약 성경이 '하느님 아들'이라는 말을 할 때는, 그렇게 불리는 사람이 어떤 생식과정을 거쳐 하느님으로부터 태어났기 때문도 아니요, 그 밖의 어떤 자연적 연관 때문도 결코 아닙니다. 그것은 오로지 그렇게 불리는 사람에게 베풀어진 선택과 파견, 그리고 거기에 상응하는 순종과 봉사 때문이었습니다.

이런 의미로 성경은 이스라엘을 이집트에서 불러낸 '아들'이라고 하였습니다(탈출 4,22; 호세 11,1; 예레 31,9). 이스라엘을 대표하는 왕, 그러기에 메시아적 인물, 나중에는 경건한 유다인들이면 모두 '하느님의 아들'이라고 불릴 수 있었습니다(시편 73,15; 지혜 5,5).

이와 마찬가지 의미로 그리스도교는 세례를 받은 신자들을 '하느님의 아들' 또는 '하느님의 딸'로 부릅니다. 이는 예수님을 '하느님의 아들'로 부르는 것과 다른 의미입니다. 이 모든 경우에 있어서 어떤 육체적 생식적 관계를 연상케 하는 모든 관념은 철저하게 배제되어 있습니다.

그리스도 신자들의 경우, '하느님의 아들'이라는 지위는 철저하게 입양에 근거하고 있습니다. 이와 같이 예수님의 성자성(聖子性) 또는 친자성(親子性)은 당시 유다교적 사고방식과 달랐습니다. 이런 점에서 예수님을 '하느님의 아들'로 부를 때 조심스러울 수밖에 없었습니다.

공관복음에 따르면, 예수님은 자기 자신을 일러 '하느님의 아들'이라고 부른 적이 한 번도 없습니다. 요한 복음에만 나타납니다(5,25; 11,4; 10,36; 17,1). 그러니까 어디까지나 교회가, 제자들이 그분에게 붙여 드린 칭호입니다. 그러나 이것이 전혀 근거 없이 무작정 아부하기 위해 드린 칭호는 아닙니다. "아버지와 나는 하나다."(요한 10,30) 예수님이 하느님을 언제나 '나의 아버지'라고 부르고 있다는 사실에 근거한 것입니다.

"아버지, 때가 왔습니다. 아들이 아버지를 영광스럽게 하도록 아버지의 아들을 영광스럽게 해 주십시오. 아버지께서는 아들이 아버지께서 주신 모든 이에게 영원한 생명을 주도록 아들에게 모든 사람들에 대한 권한을 주셨습니다."(요한 17,1-2)

예수님은 하느님을 '아빠' 또는 '아버지'로 부르면서 하느님 아버지와의 특별한 관계로서의 아들 됨을 드러내고 있습니다. 그러면 우리도 하느님을 '우리 아버지'라고 부르고 있지 않느냐고 질문할 수 있겠습니다. 그러나 그것은 예수님에 의해서 비로소 우리가 하느님을 아버지로 부르게 된 것입니다.

예수님은 '나의 아버지'(마르 14,36)와 '너희 아버지'(루카 6,36; 12,30)를 분명하게 구별하십니다. 물론 예수님이 '나의 아버지'라고 부르시는 그분과 우리가 '우리 아버지'라고 부르는 그분이 다른 분은 아닙니다. 그럼에도 불구하고 예수님이 '나의 아버지'와 '너희의 아버지'를 구별하는 것(요한 20,17)은 예수님의 하느님에 대한 독특하고 형언하기 어려운 깊은 관계가 있음을 드러냅니다. 이런 관계 때문에 교회는 예수님을 '하느님의 외아들', '독생 성자'라고 일컫습니다.

예수님의 하느님 아버지와의 친밀한 관계는 철저한 그분의 순종에 있습니다. 죽음 앞에 직면해서도 아버지의 뜻이라면 자신의 원의를 기꺼이 버리고 따르셨던 철저한 그분의 순종과 아버지에 대한 철저한 신뢰에 있습니다. 자신의 온 생애를 아버지의 뜻만을 위해 사신 그분의 삶에 있습니다. 이러한 관계를 교회, 즉 제자들은 아버지와 아들의 관계 이외에 다른 어떤 용어로 표현할 수 없었습니다. 그리고 더욱이 예수님의 말씀 속에서 자신이 '하느님의 아들'임을 암시받았다고 볼 수 있습니다. 포도원 소작인의 비유(마르 12,1 이하; 마태 21,33-46; 루카 20,1-8)는 자신을 두고 포도밭 주인의 아들로 묘사하고 있습니다.

아들로서의 예수님과 아버지 하느님의 관계는 단순히 사적인 것이 아니며 어떤 공적 사명을 포함하고 있습니다. 다시 말해 그분은 다른 아들들을 위한 아들이라는 것입니다. 즉 다른 사람들을 '하느님의 아들'로 만들어 줄 '아들'인 것입니다. 예수님은 자신만이 '하느님의 아들'이라는 신분의 특권을 누리고 즐기려는 것이 아니었습니다. 그는 자신의 '아들 됨'을 다른 이들과 함께 나누고자 했습니다.

어떤 병을 치유하는 기적이나 악의 세력의 추방은 '하느님의 아들'로서 당신의 고유한 특권이 아니라 하느님을 신뢰하는 신앙에서 모든 인간에게 가능하다는 것을 가르쳐 주셨습니다(마르 9,29). 자신만이 할 수 있는 것이라고 뽐내지 않고, 오히려 간질병에 걸린 소년을 치료할 수 있는 조건은 기도라고 가르쳐 주셨습니다. 또한 산을 바다에 빠지게 할 수 있는 능력도 겨자씨만 한 믿음이 있으면 가능하다고 가르치셨습니다(마태 17,20).

그러므로 우리는 이렇게 말할 수 있습니다.

"하느님의 독생 성자이신 예수님은 우리 인간이 하느님의 자녀가 되게 하기 위하여 몸소 하느님의 아들로서 살아가셨습니다. 즉 친아들로서의 예수님은 당신 자신을 몸소 내주시는 사랑으로 다스리러 오시는 하느님, 곧 사람이 되신 하느님 나라이십니다."

참으로 어렵습니다. 우리와 똑같은 인간의 모습으로 살아간 한 존재를 두고 '하느님' 또는 '하느님의 아들'로 믿는 일은 참으로 어렵습니다. 그분과 오랫동안 함께했던 제자들도 많이 의심했습니다. 마침내 그렇게 의심 많던 제자 토마스가 부활하신 주님을 만나서 고백합니다.

"나의 주님, 나의 하느님!"

우리에게 예수님은 누구이십니까?

성자 하느님(5) 하느님의 말씀

"한 처음에 말씀이 계셨다. 말씀은 하느님과 함께 계셨는데 말씀은 하느님이셨다."(요한 1,1)

우리는 성자 예수 그리스도를 '사람이 되신 하느님' 또는 '사람이 되신 하느님의 말씀'이라고도 합니다. '하느님의 말씀'은 요한 복음 사가에 의해 제시된 주님의 칭호입니다. 이 칭호는 '로고스(Logos)'라는 그리스어와 '지혜' 또는 인간과의 의사소통의 방편이며 창조 능력이라는 구약 성경을 배경으로 하고 있습니다.

'로고스'는 그리스 철학에서 '세계 안에 편재하면서 세계를 다스리는 보편 이념적인 이성'을 뜻하였습니다. 그러므로 무조건 따라야 하는 정언적 말씀인 '미토스(Mythos, 신화)'와 구별되는 '로고스'는 이성적이고 논리적인 말씀을 뜻하는 용어였습니다.

한편 이 '말씀'은 구약 성경에서 지혜의 모상과 연결됩니다. 우리는 잠언에서 지혜와 연결된 하느님의 말씀의 창조적 역할을 엿볼 수 있습니다.

"주님께서는 그 옛날 모든 일을 하시기 전에 당신의 첫 작품으로 나를 지으셨다. 나는 한 처음 세상이 시작되기 전에 영원에서부터 모습이 갖추어졌다. 심연이 생기기 전에 나는 태어났다. 산들이 자리 잡기 전에, 언덕들이 생기기 전에 나는 태어났다. 그분께서 땅과 들을, 누리의 첫 흙을 만드시기 전이다. …… 그분께서 땅의 기초를 놓으실 때 나는 그분 곁에서 사랑받는 아이였다. 나는 날마다 그분께 즐거움이었고 언제나 그분 앞에서 뛰놀았다. 나는 그분께서 지으신 땅 위에서 뛰놀며 사람들을 내 기쁨으로 삼았다."(잠언 8,22-31)

마치 요한 복음사가가 구약 성경의 '지혜'를 '말씀'으로 바꾸어 놓은 듯한 느낌입니다.

한 걸음 더 나아가, 요한 복음사가는 예수님을 '말씀'으로 표현하고, 세례자 요한을 광야에서 외치는 이의 '소리'(요한 1,24; 마태 3,3)로 표현하면서 비교합니다. '소리' 가운데 의미를 담은 '말씀'이 단연 으뜸입니다. '말'이야말로 '최고로 가치 있는 소리'일 것입니다. "내 뒤에 오시지만 나보다 앞서신 분'(요한 1,28), '나보다 더 큰 능력을 지니신 분'(마르 1,7)을 드러내는 다른 표현이기도 합니다. 이런 점에서 세례자 요한이 "나는 그분의 신발 끈을 풀어 드릴 자격조차 없다."(루카 3,16)고 고백하는 심정을 이해할 수 있습니다.

중국에서는 이 '말씀'을 '도(道)'로 번역합니다. 어쩌면 예수님께서

"나는 길이요 진리요 생명이다. 나를 통하지 않고서는 아무도 아버지께 갈 수 없다."(요한 14,6)는 말씀이 연상됩니다. 예수님은 우리가 하느님께로 가는 길이요 말씀이십니다. 그러므로 그분은 어떻게 한 인간이 하느님께로 다가갈 수 있는지를 온 생애를 통하여 보여 주셨고, 당신을 따르라고 명하셨습니다. 그러므로 교회는 그리스도를 통해서만 구원에 이를 수 있다고 가르칩니다.

교회 교부들은 요한 복음사가와 마찬가지로 일찍이 예수님은 '하느님의 말씀'으로서 세상을 창조하시는 '하느님과 인간 사이의 중재자' 곧 '하느님의 능력' 또는 '능력의 하느님'으로 이해하였습니다. 교부들 가운데 유스티노는 창조 이전에 영원히 내재하시는 하느님의 로고스(Logos endiathetos)와 창조의 도구로서 영원한 존재인 로고스(Logos prophorikos)로 구별하기도 하였습니다.

어떻든 요한 복음사가는 성자께서는 '하느님의 말씀'으로서 세상을 창조하시는 데 깊이 관여하셨음을 강조합니다. 훗날 사도 바오로 역시 이 점에 동의하면서 예수 그리스도의 창조에 있어서의 역할에 관하여 말합니다.

"그분(예수 그리스도)은 보이지 않는 하느님의 모상이시며 모든 피조물의 맏이이십니다. 만물이 그분 안에서 창조되었기 때문입니다. 하늘에 있는 것이든 땅에 있는 것이든 보이는 것이든 보이지 않는 것이든 왕권이든 주권이든 권세든 권력이든 만물이 그분을 통하여 또 그분을 향하여 창조되었습니다. 그분께서는 만물에 앞서 계시고

예수님께 애원하는 백인대장
베로네세(Paolo Veronese, 1528~1588), 프라도 미술관, 마드리드, 스페인

만물은 그분 안에서 존속합니다."(콜로 1,15-17)

우리는 창세기에서 하느님께서 '말씀'으로 세상을 창조하시는 장면을 만납니다.

"하느님께서 말씀하시기를 '빛이 생겨라.' 하시자 빛이 생겼다." (창세 1,3)

"하느님께서 말씀하시기를 '하늘 아래 있는 물은 한 곳으로 모여, 뭍이 드러나라.' 하시자 그대로 되었다."(창세 1,9)

창세기는 하느님께서 그처럼 말씀으로 천지를 창조하신 것을 강조합니다. 이집트 신화에서는 손으로 진흙을 빚어 사람을 만들듯 어떤 공작 행위를 통해서나 또는 투쟁을 통해서 세상을 창조하는 여느 신보다 한마디 말로 창조하는 프타 여신이 더 뛰어난 능력의 신임을 드러냅니다. 창세기 역시 한마디 말씀으로 창조하시는 하느님이 다른 신화에 나오는 어떤 신들보다 위대하시다는 것을 보여 주고자 합니다.

신약 성경은 말씀으로 풍랑을 잠재우시고, 한마디 명령으로 악령을 쫓아내시며, 병자들을 고쳐 주시고, 말씀으로 죄를 용서하시는 예수님의 모습을 소개합니다.

"'잠잠해져라. 조용히 하여라!' 하시니 바람이 멎고 아주 고요해졌다."(마르 4,39)

"'더러운 영아, 그 사람에게서 나가라.' 하고 말씀하시자 …… 더러운 영들이 나와 돼지들 속으로 들어갔다."(마르 5,8-13)

"딸아, 네 믿음이 너를 구원하였다. 평안히 가거라. 그리고 병에서 벗어나 건강해져라."(마르 5,34)

"너는 죄를 용서받았다. … 네 믿음이 너를 구원하였다. 평안히 가거라."(루카 7,48-50)

이 '말씀'의 능력을 누구보다도 잘 이해한 인물은 로마의 백인대장이었습니다. 그는 명령에 따라 사는 군인이었기 때문에 말씀, 곧 명령이 곧 이루어지는 현실임을 알았습니다.

"주님, 저는 주님을 제 지붕 아래로 모실 자격이 없습니다. 그저 한 말씀한 해 주십시오. 그러면 제 종이 나을 것입니다. 사실 저는 상관 밑에 있는 사람입니다만 제 밑으로도 군사들이 있어서, 이 사람에게 가라 하면 가고, 저 사람에게 오라 하면 옵니다. 또 제 노예더러 이것을 하라 하면 합니다."(마태 8,8-9)

말은 힘을 지니고 있습니다. 어떤 말은 곧 현실이 됩니다. 말은 정보를 전해 주는 기능을 지니기도 하지만, 어떤 말은 곧 현실을 이루는 기능을 지닙니다. 예컨대 판사의 판결은 판결을 받는 사람이 실제로 죄가 있든 없든 상관없이 죄인으로 판결하면 죄수가 되게 합니다. 무죄로 판결하면 무죄가 됩니다. 그리고 5년 징역을 언도하면 5년을 감옥에서 살게 됩니다.

또한 결혼식에서 두 당사자는 주례자의 질문에 동의함으로써 실제로 부부가 됩니다. 서로가 전혀 몰랐던 두 사람이 만나서 혼인 주례자가 묻는 질문에 대답하며 상대방의 '남편'과 '아내'가 될 것에 동의함으로써 실제로 부부가 됩니다. 혼인식에서 남녀 두 사람의 동의의 말은 실제로 부부가 되게 하는 힘을 지닙니다. 또한 고해 사제가 "나는 성부와 성자와 성령의 이름으로 당신의 죄를 용서합니다."라고 사죄경을 해 주면 죄를 고백하는 교우의 죄가 사해집니다.

이처럼 '말'은 힘을 지닙니다. 권한이 큰 사람의 '말'은 더 큰 힘을 지닙니다. 사실 권한이나 권력이 없는 우리 모두에게도 '말'은 힘을 지닙니다. 그러나 우리가 한 '말'에 대해서 책임을 질 때에 한해서 그렇습니다. 자신이 한 '말'을 반드시 지키는 사람의 말은 힘이 있습니다. 그의 '말'은 언젠가 반드시 이루어질 현실이기 때문입니다. 그러나 거짓말을 하는 사람의 말은 힘이 없습니다. 그의 말은 언제나 빈말에 불과하기 때문입니다.

그렇습니다. '하느님의 말씀'은 힘이 있습니다. 그 말씀은 반드시 이루어지기 때문입니다. 성경은 "사실 하느님의 말씀은 살아 있고 힘이 있으며 어떤 쌍날칼보다도 날카롭습니다. 그래서 사람 속을 꿰찔러 혼과 영을 가르고 관절과 골수를 갈라, 마음의 생각과 속셈을 가려냅니다."(히브 4,12)라고 선언합니다.

일찍이 이사야 예언자는 하느님의 말씀은 어김이 없는 현실임을 강조한 바 있습니다. "비와 눈은 하늘에서 내려와 그리로 돌아가지 않고 오히려 땅을 적시어 기름지게 하고 싹이 돋아나게 하여 씨 뿌리는 사람에게 씨앗을 주고 먹는 이에게 양식을 준다. 이처럼 내 입에서 나가는 나의 말도 나에게 헛되이 돌아오지 않고 반드시

내가 뜻하는 바를 이루며 내가 내린 사명을 완수하고야 만다."(이사 55,10-11)

우리는 예수 그리스도께서 하느님 아버지의 사명을 이루고 아버지께로 돌아가신 '하느님의 말씀'이시라는 것을 그분의 수난과 죽음과 부활로 점철된 그분의 삶을 통해서 이해하게 됩니다.

하느님의 말씀은 진실합니다. 우리의 말은 얼마나 진실합니까? 우리의 말은 얼마나 힘이 있습니까?

"말로 실수하지 않고 죄의 고통으로 괴로워하지 않는 이는 행복하다."(집회 14,1)

17 성자 하느님(6) 주님이신 예수 그리스도

"저의 주님, 저의 하느님!"(요한 21,28)

우리는 의심하였던 토마스가 부활하신 예수님을 만나서 "저의 주님, 저의 하느님!"이라고 울부짖었던 외침을 기억합니다. 그 상처를 눈으로 보고 손으로 만져 보아야만 믿겠다고 고집을 피우던 그였습니다. 주님께서 나타나시어 토마스에게 손가락을 상처에 넣어 보라고 하시자, 토마스는 오열하듯 주님을 의심했던 자신의 잘못을 뉘우치며 그분께 신앙 고백을 하게 된 것입니다. 오늘날에도 토마스와 같이 눈으로 보고 손으로 만져 확인하기 전에는 예수님의 부활을, 부활하신 예수님을 믿지 못하는 사람들이 많습니다.

우리는 토마스 사도처럼 예수님께 '주님'이라는 칭호를 자주 사용합니다. 미사 중에 '주님께서 여러분과 함께'로 시작하여 '주님, 자비를 베푸소서.'라는 자비의 기도와 더불어 대영광송에서도 예수님을 여러 차례 '주님'으로 부릅니다. '외아들 주 예수 그리스도님', '주 하느님, 성부의 아드님', '세상의 죄를 없애시는 주님', '성부 오른편에 앉아 계신 주님' 등등.

사도 바오로는 "성령에 힘입지 않고서는 아무도 '예수님은 주님이시다.' 할 수 없습니다."(1코린 12,3)라고 말하였습니다. 그만큼 '주님'은 중요한 우리의 신앙을 담고 있는 예수님의 칭호입니다.

일찍이 모세에게 계시하신 하느님의 이름 '야훼'는 감히 부를 수 없는 이름으로서, 그리스어로 'Kyrios(주님)'으로 번역됩니다. 그때부터 '주님'이라는 칭호는 이스라엘 하느님께서 지니신 신성을 지시하는 데 가장 자주 쓰이는 이름이 되었습니다.

신약의 하느님 백성은 하느님 아버지를 지칭할 때 '주님'이라는 칭호를 사용할 뿐 아니라, 이 칭호를 예수님에게도 똑같이 사용하였습니다. 마르코 복음사가는 다윗이 자신의 후손이기도 한 예수님을 '주님'으로 불렀던 시편을 인용합니다(12,36-37 참조).

"주님께서 내 주님께 말씀하셨다. '내 오른편에 앉아라. 내가 너의 원수들을 네 발 아래 잡아 놓을 때까지.'"

신학자 루돌프 쉬나켄부르크는 이 성경 구절을 '높이 올림을 받은 분의 통치권', 곧 예수 그리스도께서 누리는 통치자 지위가 하느님 곁으로 높이 들어 올림을 받았다는 것을 의미한다고 해설합니다. '주님'이라는 칭호는 예수님이 바로 하느님으로 고백되는 새로운 의미를 지니게 된 것입니다. 이처럼 토마스가 예수님께 드린 칭

성 토마스 사도의 의심
루벤스(Peter Paul Rubens, 1577~1640), 안트웨르펜 왕립미술관, 벨기에

호 '저의 주님'은 '저의 하느님'만큼 매우 중요한 신앙 고백의 의미를 담고 있습니다.

이는 예수님을 바로 하느님으로 고백하는 새로운 의미를 지니게 된 것입니다. '주님'이라는 이름은 하느님의 주권을 의미합니다. 예수님을 '주님'이라고 고백하거나 그렇게 부르는 것은 그분이 하느님이심을 믿는 것과 다르지 않습니다. 그러므로 예수님을 세계와 역사의 주인으로 선언하는 이 칭호는 인간이 자신을 어느 권력에도 절대적으로 종속시켜서는 안 되며, 오직 하느님 아버지와 주 예수 그리스도께만 종속시켜야 한다는 것을 의미합니다.

마르코 복음사가는, 예수님이 마지막 날에, 하느님 아버지만이 아시는 그날과 그 시간에 갑자기 오시는 집 주인이심을 암시합니다.

"그러니 깨어 있어라. 집 주인이 언제 돌아올지, 저녁일지, 한밤중일지, 닭이 울 때일지, 새벽일지 너희가 모르기 때문이다. 주인이 갑자기 돌아와 너희가 잠자는 것을 보는 일이 없게 하여라."(마르 13,35-36)

'주님'이라는 칭호는 예수님을 세계와 역사를 심판하시고 마무리하시는 주인으로 고백하는 것입니다. 우리는 두 주인을 섬길 수 없습니다.

"아무도 두 주인을 섬길 수 없다. 한쪽은 미워하고 다른 쪽은 사랑하며, 한쪽은 떠받들고 다른 쪽은 업신여기게 된다. 너희는 하느님과 재물을 함께 섬길 수 없다."(마태 6,24)

과연 우리는 예수님을 세계와 역사의 주님으로 여기고 있습니까? 그분은 나의 모든 것을 독차지하셔야 하는 '나의 주님'이십니까? 우리는 그분을 재물과 함께 두 주인으로 섬기고 있지는 않습니까? 저는 우리 모두가 토마스 사도처럼 예수님을 언제나 '나의 주님, 나의 하느님!'으로 고백할 수 있었으면 합니다.

18 성령 하느님

"그들은 모두 성령으로 가득 차, 성령께서 표현의 능력을 주시는 대로 다른 언어들로 말하기 시작하였다."(사도 2,4)

가톨릭 신자의 특징은 두 손을 합장하고 공손하게 절하는 불교 신자, 그리고 두 손을 움켜잡고 고개를 숙이는 프로테스탄트 신자와 달리, 왼손을 가슴에 얹고 "성부와 성자와 성령의 이름으로." 하고 성호경을 외우며 오른손으로 십자성호를 긋는 것입니다.

그리스도교 신앙이 다른 종교와 달리 특이한 것은 바로 성부, 성자, 성령 삼위일체의 하느님을 믿는다는 것입니다. 한 분이신 하느님, 그러나 세 위의 하느님. 참으로 알아듣기 어려운 신비의 하느님이십니다.

"은사는 여러 가지지만 성령은 같은 성령이십니다. 직분은 여러 가지지만 주님은 같은 주님이십니다. 활동은 여러 가지지만 모든

사람 안에서 모든 활동을 일으키시는 분은 같은 하느님이십니다."(1코린 12,4-6)

여기에는 한 분이신 성령, 한 분이신 주님, 한 분이신 하느님이 언급되고 있습니다. 나자렛 예수님이 아버지로 불리는 하느님과 동일한 분이 아니셨던 것처럼, 예수님의 제자들은 성령 역시 예수님과 동일하지 않으신 분으로 체험하였습니다. 그러나 제자들은 성령 체험을 하느님의 존재 양식으로 체험하였습니다.

예수님의 부활 이후에도, 제자들은 예수님이 베푸셨던 사랑, 즉 용서와 배려 등의 은총이 계속 진행되고 있다는 것을 체험하였습니다. 이런 이유로 음식을 함께 나누고, 재산을 내놓아 다른 사람들과 함께 분배하고, 함께 주님을 찬미하며 기도하고, 힘든 사람을 위로하며, 받은 은사로 병자들을 치유하는 등 봉사하며 살았습니다.

"신자들은 모두 함께 지내며 모든 것을 공동으로 소유하였다. 그리고 재산과 재물을 팔아 모든 사람에게 저마다 필요한 대로 나누어 주곤 하였다. 그들은 날마다 한마음으로 성전에 열심히 모이고 이 집 저 집에서 빵을 떼어 나누었으며, 즐겁고 순박한 마음으로 음식을 함께 먹고, 하느님을 찬미하며 온 백성에게서 호감을 얻었다. 주님께서는 날마다 그들의 모임에 구원받을 이들을 보태어 주셨다."(사도 2,44-47)

한편 그들은 아버지로 불리는 하느님과 성자로 일컬어지는 나자렛 예수와는 다른 성령을 실제로 체험하면서도 성령이 하느님과 예수님으로부터 오신다는 것을 동시에 체험하였습니다. 이러한 성령 체험은 예수님이 십자가에서 돌아가신 다음에도 인간들에게 여전히 선물로 주어지는 선의 체험이었으며 하느님의 현존 체험이었습니다. 성령에 의한 자유, 평화, 기쁨, 영광, 사랑 등의 충만한 체험은 오로지 '하느님'이라고 부를 수밖에 없는 체험이었습니다. 이 때문에 사도 바오로는 '하느님의 성령'이라고 말합니다.

"하느님의 영이 아니고서는 아무도 하느님의 생각을 깨닫지 못합니다. 우리는 세상의 영이 아니라, 하느님에게서 오시는 영을 받았습니다. 그래서 하느님께서 우리에게 주신 선물을 알아보게 되었습니다."(1코린 2,11-12)

한편, 그리스도와 성령은 같은 활동을 하십니다. 그리스도와 성령은 우리를 의롭게 하시고, 거룩하게 하시며, 우리에게 확인의 표를 찍어 주시고, 우리 안에 거처하십니다.

"여러분은 주 예수 그리스도의 이름과 우리 하느님의 영으로 깨끗이 씻겨졌습니다. 그리고 거룩하게 되었고 또 의롭게 되었습니다."(1코린 6,11)

"여러분을 위한 구원의 복음을 듣고 그리스도 안에서 믿게 되었을 때, 약속된 성령의 인장을 받았습니다. 우리가 하느님의 소유로서 속량될 때까지, 이 성령께서 우리가 받을 상속의 보증이 되어 주시어, 하느님의 영광을 찬양하게 하십니다."(에페 1,13-14)

그리스도인은 부활하신 주 예수 그리스도의 활동을 '성령의 활

삼위일체
후세페 데 리베라(Jusepe de Ribera, 1591-1652)

동'으로 자신 안에서 체험합니다. 물론 성령만의 고유한 활동도 있습니다. 성령께서는 우리 마음속에 하느님의 사랑을 부어 주시고, 또 우리는 성령으로 쓰인 소개장이 됩니다. 성령께서는 하느님의 마음을 알고 하느님의 깊은 경륜을 헤아려 그것을 우리에게 알려 주십니다.

"하느님께서는 성령을 통하여 그것들을 바로 우리에게 계시해 주셨습니다. 성령께서는 모든 것을, 그리고 하느님의 깊은 비밀까지도 통찰하십니다."(1코린 2,10)

이렇게 신약 성경 안에서 나타나는 성령 체험은 삼위일체 하느님과 연관되는 것으로 나타납니다. 그러나 '삼위일체'라는 용어는 성경에 나타나는 용어가 아닙니다. 그것은 교의 신학적 용어입니다.

교의신학은 예수 그리스도께서 알려 주신 하느님은 오직 한 분이시며, 그분은 성부와 성자와 성령 곧 세 위로 구분된다고 가르칩니다. 이 세 위는 각각 하느님이시며, 같은 흠숭과 찬양을 받으시는 분이십니다. 위는 셋이지만 하느님은 다만 한 분이시라는 신비를 '삼위일체'라 합니다.

이러한 교의적 정신은 콘스탄티노플 공의회(381년), 칼체돈 공의회(451년)에서 선언되었습니다. 그리고 무엇보다 아타나시오 신경에 잘 정리되어 나타납니다.

"…… 우리는 삼위 안에 한 분 하느님, 일치성 안에 삼위를 흠숭합니다. 위격들 간에 혼합도, 주체의 분리도 없으며, 성부의 한 위격, 성자의 한 위격, 성령의 한 위격이 존재합니다. 그러나 성부, 성자, 성령은 신성에 있어서 한 분이시요, 같은 영광을 받으시며, 위엄에 있어서 같이 영원하십니다.

성부께서 존재하시듯이 그렇게 성자께서도 존재하시고, 성령께서도 그렇게 존재하십니다. 창조되지 않으신 성부, 창조되지 않으신 성자, 창조되지 않으신 성령, 무한하신 성부, 무한하신 성자, 무한하신 성령, 영원하신 성부, 영원하신 성자, 영원하신 성령이십니다. 그러나 세 영원함이 있는 것이 아니라 하나의 영원함이 있습니다.

성부께서 전능하시듯이, 성자께서도 전능하시고, 성령께서도 전능하십니다. 그렇다고 세 전능이 있는 것이 아니라 하나의 전능이 있습니다. 성부께서도 하느님이시고, 성자께서도 하느님이시며, 성령께서도 하느님이십니다. 그렇다고 세 하느님이 아니라 한 분 하느님이 계십니다. 성부께서 주님이시듯이, 성자께서도 주님이시고, 성령께서도 주님이십니다. 그렇다고 세 주님이 계시는 것이 아니라 한 분의 주님께서 계십니다.

성부께서는 어느 누구로부터도 유래하지 않으십니다. 창조되지도, 태어나지도 않으십니다. 성자께서는 오직 아버지로부터 만들어지시거나 창조되신 것이 아니라 오직 태어나셨습니다. 성령께서는 성부와 성자로부터 조성되시거나 창조되시거나 태어나신 것이 아니라 발출되셨습니다.

한 분 아버지이시지 세 분의 아버지가 아니십니다. 한 분 아들이시지 세 분의 아들이 아니십니다. 한 분 성령이시지 세 분의 성령이 아니십니다. 이 삼위 안에는 앞섬이나 뒤섬이나, 크거나 작음이 없습니다. 삼위 모두 같은 영원성, 같은 동등성을 지니십니다. ……"

'삼위일체'가 교의신학적 용어이며 설명이지만, 성부와 성자와 성령의 삼위에 관한 언급은 이미 성경 안에 나타나 있습니다. 사도 바오로는 일찍이 삼위 하느님의 이름으로 인사를 전하며 편지를 전하였습니다.

"때가 차자 하느님께서 당신의 아드님을 보내시어 여인에게서 태어나 율법 아래 놓이게 하셨습니다. 율법 아래 있는 이들을 속량하시어 우리가 하느님의 자녀 되는 자격을 얻게 하시려는 것이었습니다. 진정 여러분이 자녀이기 때문에 하느님께서 당신 아드님의 영을 우리 마음 안에 보내 주셨습니다. 그 영께서 '아빠! 아버지!' 하고 외치고 계십니다. 그러므로 그대는 더 이상 종이 아니라 자녀입니다. 그리고 자녀라면 하느님께서 세워 주신 상속자이기도 합니다."(갈라 4,4-7)

"주 예수 그리스도의 은총과 하느님의 사랑과 성령의 친교가 여러분 모두와 함께하기를 빕니다."(2코린 13,13)

우리 이성으로 알아들을 수 없지만, 성경은 삼위를 언급하고, 교의신학은 성경을 바탕으로 삼위일체 하느님에 관한 교리를 정립시켰습니다. 성령은 믿음 안에서, 그리고 교회의 체험과 우리들의 체험으로 확인되는 분이십니다.

19 창조하시는 하느님의 영

"하느님의 영이 물 위를 감돌고 있었다."(창세 1,2)

하느님의 창조에 관한 이야기는 그 시작부터 장엄합니다. 창세기 작가는 어둠이 온 천하를 뒤덮고 있을 때 하느님의 영이 그 위를 감돌고 있었다고 서술하고 있습니다. 인공위성으로 촬영한 태풍의 눈이나 회오리치는 큰 물결이 상상됩니다. 마치 위대한 작가가 대작을 구상할 때 떠오르는 영감과도 같은 느낌입니다.

우리는 성경이 하느님의 영감으로 쓰였다고 말합니다. 그 말이 정작 무슨 뜻인지 알아듣기가 쉽지 않습니다. 그건 마치 엄마가 유치원생 아이의 손을 잡고 '가, 나, 다'를 쓰도록 하는 것과는 뭔가 다릅니다.

여러 해 전 신학교에서 신학생들의 피정 지도를 위해 오신 청주

교구의 연제식 신부님과 대화를 나눈 적이 있습니다. 그때 신부님이 '신이 내린 그림'이라는 말을 했습니다. 파푸아뉴기니에서 선교 활동을 할 때, 저녁 해가 지는 모양이 너무나 아름다워서 그림을 그리려고 했는데, 먹물로 그리는 동양화로서는 도저히 그 모습을 담을 수가 없어서 붓대로 그렸다는 것입니다. 그랬더니 '그림' 같더라는 것입니다.

때때로 자신이 그림을 그리지만, 어떤 그림은 자신이 생각해도 정말 멋진 그림이라고 생각하지 않을 수 없다고 말했습니다. 화가라고 해서 항상 그림을 잘 그릴 수 있는 것도, 반드시 자신의 마음에 드는 것도 아니라는 것입니다. 1백여 작품을 그려 내면, 그 가운데 서너 작품 정도 정말 자신이 인정할 수 있는 그림이 나와도 성공이라는 것입니다. 그럴 때 '신이 내린 그림'이라고 말한다는 것입니다. 아마 그런 경우를 두고 우리는 그 신부님이 영감을 받아 그림을 그렸다고 말할 수 있는 것이 아닌가 생각합니다.

소설가 최인호 님도 비슷한 이야기를 한 것으로 알고 있습니다. 역사 소설을 쓸 때, 관련 역사책을 읽고 또 읽고 한 다음에 어느 순간 자기 머릿속에서 그 내용들이 술술 나온다는 것입니다. 그러면 자신이 그것을 부지런히 글로 옮긴다는 것입니다. 자신이 쓴 글씨를 쉽게 알아보지 못할 정도로 빨리 옮겨 적는다는 것입니다.

가끔 우리에게도 그런 경우가 있습니다. 지금 돌이켜보면 참으로 어려웠던 시기였는데, 어떻게 그 어려움을 이겨내고 오늘의 '내'

가 될 수 있었는지 의아스러울 때가 있습니다. 그런 경우에 우리는 하느님의 은총을 회상하게 됩니다. 번뜩이는 아이디어의 경우에도 그렇습니다. 내가 그걸 어떻게 생각해 냈을까? 문득 예수님의 말씀이 생각납니다.

"사람들이 너희를 넘길 때, 어떻게 말할까, 무엇을 말할까 걱정하지 마라. 너희가 무엇을 말해야 할지, 그때에 너희에게 일러 주실 것이다. 사실 말하는 이는 너희가 아니라 너희 안에서 말씀하시는 아버지의 영이시다."(마태 10,19-20)

아름다운 작품을 보면, 우리는 작가의 솜씨에 감탄하게 됩니다. 때때로 작가의 기발한 아이디어가 놀라울 때가 있습니다. 우리는 작품으로 작가를 평가합니다. 우리는 창조된 우주를 알게 되면서 그 위대한 창조주를 떠올릴 수 있습니다. 정말 우주는 우리가 생각하는 것보다 어마어마합니다.

하늘은 하느님의 영광을 이야기한다고 성경은 말합니다. 하느님의 영광은 우주의 크기보다 크고, 우주의 신비보다 깊습니다. 우리 지구가 존재하는 태양계는 우주의 한 귀퉁이에 작은 자리를 차지할 뿐입니다. 태양까지의 거리는 1억 4,960만 킬로미터가 된다고 합니다. 태양의 온도는 1500만 도가 되고 1초에 5억 4,600만 톤의 수소가 연료로 불타고 있다고 합니다. 히로시마에 떨어진 원자폭탄의 5조 배의 에너지라고 말합니다. 우주에서는 이 태양도 별게 아니랍니다.

큰개자리 별자리로 가면 시리우스라는 별이 있습니다. 8.6광년의 거리에 있는 그 별은 태양처럼 불타고 있어서 빛을 내는 항성인데 태양의 20배가 되는 빛을 내고 있답니다. 크기로도 태양보다 훨씬 큰 별들이 많다는 것입니다. 태양은 지구가 109개가 들어갈 만큼 큰데, 지구에서 310광년 떨어진 곳에 있는 오리온 별자리의 베텔기우스라는 별은 그 반지름이 태양의 800배가 된다고 합니다. 베텔기우스가 태양 대신 우리 태양계에 있다면 그 크기가 화성까지 이른다고 합니다.

독일 천문학자 윌리엄 허설이 발견한 가넷스타라는 별은 베텔기우스 별이 명함도 내밀지 못할 만큼 큽니다. 지름이 태양의 1400배나 된답니다. 태양 대신 태양계에 있다면 목성에 이르기까지 그 자리를 차지한다는 것입니다. 최근에는 그것보다 더 크고 뜨거운 별도 찾아냈다고 합니다. 우주의 가장 낮은 온도는 영하 273도라고 합니다. 반대로 빅뱅 때 있었던 온도는 1조 도에 이를 것이라고 추산합니다. 별이 사라질 때 일어나는 초신성의 순간 폭발 에너지는 태양 100억 개 정도와 맞먹는 열을 발산한다고 합니다. 그리고 하늘의 별들은 끊임없이 사라지고 또 생성되고 있습니다.

우주의 크기는 현재로서 137억 광년으로 계산됩니다. 빅뱅으로 생겨난 우주의 나이가 137억 년쯤으로 추산되기 때문입니다. 137억 광년 거리 밖에는 무엇이 있을지 과학자들도 알지 못합니다. 우주가 생겨나는 빅뱅 이전에는 무엇이 있었는지 과학자들은 알지 못합니다. 우주의 끝에 관해서 그들이 대답할 수 있는 것은 "정말로 알 수 없다."는 것입니다.

우리는 믿음으로 말합니다. 하느님께서 한처음에 하늘과 땅을 만드셨다고, 하느님께서 하늘의 별들과 태양과 달들을 보시기에 좋게 만드셨다고 합니다. 산 절로 수 절로 산수 간에 나도 절로 생긴 것이 아니라고 한다면, 태양도, 달도, 별도, 그리고 우주도 그냥 생긴 것이 아니라고 한다면, 우리는 그것을 창조하신 분을 하느님이라고 말합니다.

정진석 추기경님은 '우주를 알면 하느님이 보인다'라는 책을 쓴 적이 있습니다. 사실 그렇습니다. 달나라를 다녀온 미국의 우주 비행사가 달에서 본 지구의 모습이 너무 아름다워서 하느님을 찬미하지 않을 수 없었다고 한 인터뷰가 기억납니다. 우주의 신비를 알면 우리는 하느님을 경외하지 않을 수 없을 것입니다. 마치 열매를 보고 그 나무를 알 수 있는 것과도 같습니다.

그런데 사실 우주를 아는 일, 창조된 세상을 알아보는 일이 쉽지 않습니다. 그것을 해석하는 일은 더욱 어렵습니다. 여러 가지 해석이 있을 수 있기 때문입니다.

스티븐 호킹은 최근 우주가 형성되는 데 하느님이 필요한 것이 아니라 했습니다. 많은 사람들이 놀랐습니다. 신문에서 토픽으로 다루었습니다. 놀랄 일이 아닙니다. 하느님은 눈으로 확인될 수 있는 분이 아니기 때문입니다. 믿음만이 그분을 알아보게 합니다. 믿음에는 늘 '혹시'라는 의혹이 있기 마련입니다. 성인들도 마음 깊은 곳 불신의 어둠을 겪었습니다.

성녀 소화 데레사 수녀님도 무신론자의 생각이 자신을 엄습했다는 것을 고백한 바 있습니다. 마더 데레사 수녀님도 하느님 부재의 어둠을 겪었음을 밝혔습니다. 그러나 믿음은 아주 쉽게 다가오기도 합니다. 그리고 믿음은 아주 공평합니다. 많이 배우지 못했어도, 또 어려도 상관이 없습니다. 남녀노소를 구별하지 않습니다.

우리 순교 선조 103분이 그랬습니다. 소년도 있었고, 노인도 있었습니다. 대학자도 있었고, 배운 것 없는 할머니도 있었습니다. 고관도 있었고, 무시당하는 백정도 있었습니다. 그들은 아주 간단하게 하느님의 존재를 깨달았습니다. 마치 눈 위에 찍힌 토끼 발자국을 보면 토끼를 보지 못했어도 토끼가 지나간 것을 알 수 있듯이, 집 지은 목수를 보지 못해도 집을 보면 목수가 집을 지은 것을 알 수 있듯이, 장엄한 우주를 알면 창조주를 보지 못했어도 위대한 창조주가 계심을 알 수 있었습니다.

결과는 원인 없이 이루어질 수 없다는 간단한 진리만으로 하느님의 존재를 깨달았습니다. 위대한 작품보다 그 작품을 만든 분이 더 위대하다는 상식으로 하느님의 크심과 놀라운 능력을 신뢰했습니다.

우리는 눈에 보이는 것만으로 세상이 이루어져 있다고 여기지 않습니다. 그런데 실증할 수 있는 것들만 현실로 인정하려는 세상입니다. 확인되고 확인될 수 있는 것만이 현실이라고 한다면 우리는 도저히 전체를 다 파악할 수도 없고, 이것만이 유일한 진리의 규범이라고 하면 세상과 인간 존재는 왜곡되기 마련입니다.

바람은 보이지 않습니다. 그래도 나뭇잎이 흔들리는 현상을 보면서 바람의 존재를 확인합니다. 사랑도 미움도 보이지 않습니다. 그 결과 나타나는 행동의 결과로 사랑과 미움을 확인합니다. 보이는 것보다 보이지 않는 것이 더 많을 것 같습니다.

우리는 살면서 위대한 정신, 아름다운 사랑, 놀라운 조화를 만납니다. 그 모든 것이 그보다 더 위대하고 더 아름답고 더 놀라운 조물주의 모상이라는 것을 압니다. 창조된 자연 안에 하느님의 흔적이 있다는 것을 압니다. 그래서 우리는 시편 작가와 함께 하느님 영의 창조적 능력을 노래합니다.

"당신의 숨을 내보내시면 그들은 창조되고, 당신께서는 땅의 얼굴을 새롭게 하십니다."(시편 104,30)

용서를 베푸시는 성령 하느님

"사람들이 짓는 모든 죄와 그들이 신성을 모독하는 어떠한 말도 용서받을 것이다. 그러나 성령을 모독하는 자는 영원히 용서를 받지 못하고 영원한 죄에 매이게 된다."(마르 3,28-29)

예수님이 승천하신 후 제자들은 또 다른 체험을 하였습니다. 성령 체험입니다. 성부는 아버지라는 모습으로, 성자는 아들이라는 모습으로 그려 볼 수 있는데, 성령은 어떤 모습으로 그려야 할지 막막합니다.

옛적에는 성신(聖神)이라고 불렀습니다. 그냥 거룩하신 신, 거룩한 하느님이라는 뜻입니다. 사실 성부도 거룩한 하느님이고, 성자도 거룩한 하느님이시니 성신인 셈입니다. 그럼에도 성부와 성자와 달리 성신, 성령이라고 불리는 분은 어떤 분이실까? 좀처럼 그림이 그려지지 않습니다.

화가들은 성부를 하얀 수염이 난 할아버지 모습으로 그립니다. 성자 예수는 검은 수염에 긴 머리의 모습으로, 때로는 양을 어깨에 멘 착한 목자의 모습으로 그려집니다. 그런데 성령은 비둘기 모습으로 그려지고 있습니다. 분명 비둘기는 성령이 아닙니다. 비둘기는 매우 상징적인 표현입니다. 도대체 성령은 어떤 분이고 무엇 하는 분이실까? 제자들은 성령을 어떤 분으로 체험하였을까?

우선 성령이라는 이름은 구약에서 '루아하' 즉 바람, 숨, 생명, 영 등으로 번역될 수 있는 단어입니다. 신약 성경의 '프네우마' 역시 마찬가지입니다. 구약 성경 창세기에는 태초에 하느님께서 천지를 창조하실 때 "어둠이 심연을 덮고 하느님의 영(루아하)이 그 물 위를 감돌고 있었다."(창세 1,2)고 기록되어 있습니다.

우리는 세상을 창조하기 전에 성령께서 마치 비둘기처럼 어둠이 깊은 물 위를 휘도는 모습을 그려 볼 수 있고, 위대한 작가가 작품을 만들기 전에 구상을 떠올리는 영감과 비교해 볼 수 있음을 지난번에 말씀 드렸습니다. 또 하느님께서 사람을 창조하실 때 진흙으로 빚어낸 아담에게 하느님의 영, '루아하' 즉 숨을 불어 넣으셨다는 이야기를 전해 주고 있습니다.

하느님의 영은 바로 사람으로 하여금 사람이 될 수 있는 생명을 주시는 무엇으로 나타납니다. 바람으로서 하느님의 성령은 홍해 바다를 갈라 이스라엘 사람들을 구원하기도 하시고(탈출 14,21), 광야에서 먹을 것이 없어 굶주리는 이스라엘 백성에게 메추라기를 몰아와서 허기를 면하게 해 주기도 하십니다(민수 11,31). 더위에 지친 사람들에게 바람은 시원한 생기를 불어넣어 주는 성령의 모습을 드러내기도 합니다. 또 하느님의 성령은 판관들에게, 삼손에게, 사울에게, 예언자들에게 내려 이스라엘 백성을 구원할 힘과 능력을 주시거나 예언의 능력도 주십니다(판관 3,10; 14,6).

또 하느님의 성령께서 사람의 모습으로 나타나신 적도 있습니다. 마므레 상수리나무 아래에서 쉬고 있는 아브라함에게 야훼 하느님께서 세 사람의 모습으로 방문하셨다는 것도 알고 있습니다(창세 18,1). 여기서 우리는 삼위일체이시라는 것을 암시받고 있습니다. 그러나 아직도 하느님의 성령은 어떤 분이신지 잘 그려지지 않습니다.

신약 성경을 보면 성령에 대해서 좀 더 많은 언급들이 있습니다. 하느님의 성령은 사도들에게 힘을 주셨다고 합니다. 사도들과 그 밖의 신도들에게 말씀하기도 하십니다. 사도들로 하여금 여러 가지 언어를 말하게 하십니다. 예수가 그리스도시라는 것을 증언하시기도 하고, 우리를 의롭게 하시고 거룩하게 하시며, 우리로 하여금 하느님을 '아빠!' '아버지!'라고 부르게 하십니다.

우리를 도와주고, 우리를 위해 간구하십니다. 문자는 사람을 죽이지만 하느님의 성령은 사람을 살리십니다. 우리의 몸은 성령의 성전입니다. 성령은 우리로 하여금 믿음을 주십니다. 아무도 성령이 아니면 예수님을 주님으로 고백할 수 없습니다.

이 밖에도 성령에 관한 신약 성경의 기록은 상당히 많습니다. 우

죄 많은 여인을 용서하시는 예수님
루벤스(Peter Paul Rubens, 1577~1640), 에르미타슈 미술관, 상트페테르부르크

선 예수님의 말씀 속에서 성령이 어떤 분이신지 알아보는 것이 중요합니다.

예수님은 "아버지와 아들과 성령의 이름으로 세례를 주어라."(마태 28,19)라는 말씀 이외에도 "사람들이 짓는 모든 죄와 그들이 신성을 모독하는 어떠한 말도 용서받을 것이다. 그러나 성령을 모독하는 자는 영원히 용서를 받지 못하고 영원한 죄에 매이게 된다."(마르 3,28-29)는 말씀을 하셨습니다. 도대체 성령이 어떤 분이시기에 그분께 죄를 지으면 영원히 용서받지 못하는 것일까? 성령을 거스르는 죄란 무엇일까?

"내가 떠나가는 것이 너희에게는 더 유익하다. 내가 떠나가지 않으면 그 협조자가 너희에게 오시지 않을 것이다. 그러나 내가 가면 그분을 보내겠다. 그분이 오시면 죄와 정의와 심판에 관한 세상의 그릇된 생각을 꾸짖어 바로잡아 주실 것이다. 그분은 나를 믿지 않은 것이 바로 죄라고 지적하실 것이며 내가 아버지께 돌아가고 너희가 나를 보지 못하게 된다는 것이 하느님의 정의를 나타내시는 것이라고 가르치실 것이고 이 세상의 권력자가 이미 심판을 받았다는 사실로써 정말 심판을 받을 자가 누구인지를 보여 주실 것이다."
(공동번역 요한 16,7-11)

더욱 우리의 눈길을 끌게 하는 대목은 하혈 병을 앓고 있던 어느 여인을 치유해 주는 장면입니다. 여기서 우리는 하느님의 영이 예수님의 의지와 상관없이 활동하신다는 것을 알게 됩니다. 일찍이 예수님은 "내가 하느님의 영으로 마귀들을 쫓아내는 것이면, 하느님의 나라가 이미 너희에게 와 있는 것이다."(마태 12,28)라고 말씀하신 바 있습니다. 예수님은 성령과 함께 성령을 통해서 치유하시고 악의 세력을 쫓아내신 사실을 말씀하고 계십니다.

사실 예수님은 성령으로 말미암아 동정녀 마리아께 잉태되셨고, 요르단 강에서 세례자 요한으로부터 세례를 받으실 때 성령으로 말미암아 하느님의 아드님이시라는 것이 알려집니다. 그리고 성령에 인도되어 광야에서 40일간을 지내셨습니다. 예수님은 그 출생부터 성령과 함께하셨다는 것을 이해할 수 있습니다.

예수님의 말씀에 따르면 성령은 무엇보다도 용서하는 능력을 선사하는 분이십니다. 성령 강림 대축일 복음에서 그 점이 잘 드러나고 있습니다.

"그날 곧 주간 첫날 저녁이 되자, 제자들은 유다인들이 두려워 문을 모두 잠가 놓고 있었다. 그런데 예수님께서 오시어 가운데에 서시며, '평화가 너희와 함께!' 하고 그들에게 말씀하셨다. 이렇게 말씀하시고 나서 당신의 두 손과 옆구리를 그들에게 보여 주셨다. 제자들은 주님을 뵙고 기뻐하였다. 예수님께서 다시 그들에게 이르셨다. '평화가 너희와 함께! 아버지께서 나를 보내신 것처럼 나도 너희를 보낸다.' 이렇게 이르시고 나서 그들에게 숨을 불어넣으며 말씀하셨다. '성령을 받아라. 너희가 누구의 죄든지 용서해 주면 그가 용서를 받을 것이고, 그대로 두면 그대로 남아 있을 것이다.'"(요

한 20,19-23)

그러므로 우리가 죄를 용서받았다면, 또 우리가 다른 사람들의 죄를 용서한다면, 우리는 분명 성령을 받은 것이라고 감히 말할 수 있습니다. 성령의 여러 가지 은사 중에 가장 중요한 은사를 받은 셈입니다.

우리는 고해성사만 보면 죄를 용서받는다고 배웠기 때문에 죄의 용서가 아주 쉽고 흔한 일로 여길 수 있습니다. 일찍이 시리아의 장군 나아만이 문둥병을 고치기 위해 예언자 엘리사를 찾아갔을 때, 요르단 강에서 일곱 번 몸을 씻으라는 너무 쉬운 명을 받고 화를 내었다는 이야기를 우리는 알고 있습니다. 그러나 똑똑한 부하의 충고를 듣고 그 명을 따라 몸을 씻고 병을 고쳤습니다.

주님은 우리가 다른 사람의 잘못을 용서하면, 하늘에 계신 하느님 아버지께서도 우리의 죄를 용서해 주신다고 말씀하십니다. 교회는 가르치고 있습니다. 잘못한 것을 뉘우치면, 고백하면 죄가 용서된다고 가르칩니다. 그러나 우리는 너무 간단해서 시시하게 생각합니다. 시시해서 이루어지지 않을 것처럼 느낍니다.

그러나 죄의 용서란 엄청난 사건입니다. 죄 때문에 아픔을 겪어본 사람은 죄가 얼마나 사람을 비참하게 만드는지 압니다. 외국 영화 '쇼생크 탈출'이 그 점을 잘 보여 줍니다. 소설 '빙점'이 용서가 얼마나 중요한 것인지를 잘 알려 줍니다.

우리가 용서를 느낄 수 있으면, 우리는 성령을 받은 것이라고 말할 수 있습니다. 용서를 할 수 있다면 우리는 하느님의 성령을 받은 사람들입니다. 용서할 수 없어서 자신을 힘들게 하는 사람을 우리는 수없이 보고 있습니다. "원수를 사랑하라."는 주님의 명령은 원수를 위한 것이 아니라 우리를 미움에서 벗어나도록 하시기 위한 은총의 명령입니다.

21 삼위일체의 하느님

"하느님의 영이 여러분 안에 사시기만 하면, 여러분은 육 안에 있지 않고 성령 안에 있게 됩니다. 누구든지 그리스도의 영을 모시고 있지 않으면, 그는 그리스도께 속한 사람이 아닙니다. …… 하느님의 영의 인도를 받는 이들은 모두 하느님의 자녀입니다."(로마 8,9.14)

　성부와 성자와 성령의 이름으로 세례를 받은 그리스도인들은 매사를 성호경으로 시작합니다. 말하자면 삼위일체 신앙은 그리스도인들에게 근본이 되고 있습니다.
　그리스도인들은 신앙 고백을 통해 천지의 창조주 성부 하느님과 성령으로 말미암아 동정녀에게 잉태되시고 출생하시어 빌라도 치하에서 수난하시고 돌아가시고 부활하신 성자 예수 그리스도, 그리고 같은 영광과 같은 흠숭을 받으시는 성령 하느님을 믿습니다.
　이러한 삼위일체 신앙은 다른 종교와 다른 세계관과의 논쟁에서 그리스도교 신앙의 고유성을 드러내 주는 교리입니다. 그리스도인들은 역사 안에서 하느님을 유일한 분으로 체험하였습니다. 따라서 다신론이나 범신론을 배격하였습니다. 하느님을 성부, 성자, 성령 삼위로 체험하면서 유주론을 배격하고 있습니다.

사실 그리스도교 신앙에서 삼위일체에 대한 교리는 하느님에 대한 근원적인 것을 알아내려는 철학적 사고에서 발생한 것이 아닙니다. 오히려 역사적인 체험을 소화하려는 노력에 의한 것입니다. 우선 이스라엘 백성들은 하느님을 '엘', '엘로힘' 또는 '야훼'로서 이스라엘을 구원하시고, 민족들을 역사하시며 우주 만물을 창조하신 하느님으로, 아버지로서 세상의 주인이시며 심판자로서 체험하였습니다.

신약의 백성은 예수 그리스도를 통하여 이제까지 알려지지 않았던 하느님의 모습을 만났습니다. 하느님을 만민의 아버지로 계시하신 예수 그리스도를 통하여 동시에 하느님이신 인간을 체험하였습니다. 하느님을 자기 아버지라고 부르면서 대등한 '너'로 대하는 '신-인'을 만나게 된 것입니다. 그분을 통하여 인간의 형상을 하고 인간의 본성을 지니고서 우리와 함께 계신 하느님, 하느님이시면서 동시에 인간이신 존재를 만나게 된 것입니다.

예수 그리스도의 부활 체험에서 그 사건의 계시를 절정으로 마주하게 되었습니다. 그분은 결코 신화에 나오는 '반인반신'의 어중간한 존재가 아니셨습니다. 마르코, 마태오, 루카, 요한 복음서가 새로운 모습으로서의 아들 하느님의 면모를 소개해 줍니다. 그분의

갈릴래아에 나타나신 그리스도
두초(Duccio di Buoninsegna, 13세기 중엽)

많은 기적들과 놀라운 가르침, 그분의 수난과 죽음과 부활 등을 통해 강생하신 하느님의 신비를 소개해 줍니다.

그럼에도 우리는 여전히 믿음을 통해서만 그분을 믿을 수 있고 그분을 알 수 있는 존재가 됩니다. 이러한 신비적 신(神) 체험에 이어서, 성령 체험을 아울러 겪었습니다. 즉 우리 안에서, 우리 내면에서 하느님의 현존을 체험한 것입니다.

이 경우에도 마찬가지로 이 성령은 성부와도 다른 존재, 성자와도 또 다른 존재로 만나게 되었습니다. 사람에게 힘을 주시고, 생명을 생명이게 하시고, 용서의 은총을 베푸시는 하느님의 권능으로서 성령을 체험하였습니다. 이처럼 역사 안에서 삼중 형태를 지닌 하느님과 마주하게 되면서 이 체험을 어떻게 일찍이 아브라함으로부터 물려받은 신앙의 유산으로서 유일신 신앙과 융화시킬 수 있는가를 궁리하게 되었습니다.

결국 인간의 의식에 의해서 하느님이 다른 양식으로 이해되고 있는 것이 아닌지 회의할 수 있습니다. 하느님은 한 분인데 인간의 의식 구조에 의해서 체험이 다를 뿐인가라고 여길 수도 있습니다. 말하자면 인간이 하느님과 관계를 맺는 양식에 있어서 인간의 의식의 반영만이 서로 다를 수 있다는 것인가라고 쉽게 생각할 수도 있습니다.

하지만 인간은 하느님의 진면목을 그대로 체험하고 있는 것인가를 먼저 진지하게 물어야 할 것입니다. 만일 인간의 인식에 의해 좌우되는 것이라면, 우리가 하느님을 숭배하고 하느님께 기도드리는 일은 부질없는 일에 불과할 것입니다. 무신론 철학자 포이에르바하가 말한 것처럼, 그것은 하느님이 아니라 인간의 자기 반영일 뿐이며, 신은 인간이 만들어 낸 것에 불과하고 그 앞에 예배를 드리고 기도를 드리는 일에 불과할 것입니다.

그러나 하느님의 존재는 그분이 당신 자신을 보이는 그대로이며 또 자신을 있는 그대로 밖에는 보여 주지 않으신다는 것을 받아들이게 되면, 비로소 하느님께 대한 예배와 그분께 드리는 기도가 정당하고 당연히 요구되는 일일 수 있습니다. 이러한 심각성 때문에 고대 교회부터 이 문제를 놓고 교회가 분열되는 아픔 속에서도 투쟁의 열정을 보였던 것을 이해할 수 있게 됩니다. 그 치열했던 논쟁은 단순히 개념 놀이나 형식주의가 문제 되었던 것이 아니었음을 알아듣게 합니다. 그들의 논쟁의 결과로 하느님 문제에 관한 한 오늘날이 옛날보다 더 편히 지내도 좋다고 생각한다면 그리스도교 신앙의 입장일 수 없습니다.

하느님에 대한 이러한 문제는 오늘날 우리에게도 당면한 문제로, 우리도 하느님과 부단하게 씨름해야 한다는 것을 의미합니다. 다시 말해 그리스도교의 신앙은 사이비 신앙으로 규정지을 수 있는 특징의 하나로서 아주 쉽게 하느님을 알아듣고 신앙하게 하는 그러한 태도를 벗어나게 합니다.

하느님의 삼위일체 신비는 하느님에 대해서 오늘도 우리 각자가 고민하고 알아듣고자 부단한 노력을 기울여야 한다는 것을, 그것이

참 신앙의 길임을 제시하고 있는 것입니다. 그리스도교의 삼위일체 신앙은 바로 하느님의 존재는 있는 그대로 밖에는 보여 주지 않는다는 입장을 바탕으로 하고 있습니다.

이러한 기본 입장과 아울러 삼위일체론을 전개하는 원칙을 견지해야 할 것입니다. 우선 하느님을 논하는 신론, 즉 신학은 역사상 구체적인 인물 예수 그리스도를 통해 현현된 하느님의 구원 역사에 대한 신앙의 진리를 규명하는 일입니다. 따라서 삼위일체 하느님으로부터 출발해야 합니다. 아울러 신학은 삼위일체론의 전개요 확산인 셈입니다.

마지막으로 신비성에도 불구하고 왜 이 신비가 중대한가를 묻고 역사적이고 구체적인 구원의 신비로 이해하려고 노력할 필요가 있습니다.

작은 물웅덩이에 바닷물을 다 담으려 했던 소년의 어리석음을 비웃었던 아우구스티노 성인을 기억합니다. 바닷물 같은 하느님을 작은 물웅덩이와 같은 자신의 좁은 머릿속에 담으려 했던 자신이 그 어리석은 소년보다 더 어리석었음을 깨달은 아우구스티노 성인도 기억합니다. 대양의 바닷물도 엄청나지만, 그 바닷물을 담으려는 조그만 모래 물웅덩이 역시 위대하지 않을 수 없습니다.

인간의 위대함은 자신의 한계를 넘는 질문을 던질 수 있다는 데 있습니다. 그 질문을 통해 우리를 삼위일체 하느님께 다가갈 수 있게 합니다. 하느님의 삼위일체 신비는 인간의 한계를 일깨워 주고 겸손하게 해 줍니다.

22 신약성경에 암시되어 있는 삼위일체의 하느님

"주 예수 '그리스도'의 은총과 '하느님'의 사랑과 '성령'의 친교가 여러분 모두와 함께하기를 빕니다."(2코린 13,13)

그리스도인들은 아버지로 불리는 하느님과 아들로 고백하는 예수님과 다른 실재로서 성령을 신앙의 핵심으로 고백합니다. 이러한 신앙은 사도들로부터 물려받은 유산입니다. 사도들은 이 성령을 아버지 하느님과 아들 예수 그리스도로부터 유래하는 어떤 실재로 체험하였습니다.

이러한 성령 체험(은사)은 다른 것이 아니라 예수님이 십자가에 처형되신 파국에도 불구하고 인간들에게 여전히 선물로 주어지는 선에 의한 실존으로 이해됩니다. 이는 인간 스스로에 의해 이룩된 것이 아니었습니다. 하느님이 선물로서 현존하시는 것을 체험한 것입니다.

바꿔 말하면, 성령은 '첫 선물'(로마 8,23), '보증'(2코린 1,22; 5,5)이었습니다. 자유, 평화, 기쁨, 영광, 사랑 등은 충만한 생명의 체험으로서 오로지 '하느님'이라고 부를 수밖에 없는 이 체험을 나타내는 다른 표현들입니다.

사도 바오로는 이러한 '선물'로서의 성령을 '하느님의 성령' 또는 '그리스도의 성령'이라고 말합니다(1코린 2,11-14; 3,16; 6,11; 로마 6,9.14) 이 두 가지 용어 '하느님의 성령'과 '그리스도의 성령'을 서로 교환될 수 있는 용어로 간주하면서 현양된 그리스도와 성령의 활동을 똑같은 것으로 봅니다.

예를 들면, 그리스도의 성령은 우리를 의롭게 하시고(갈라 2,17; 1코린 6,11), 거룩하게 하시고(1코린 1,2; 로마 15,16), 우리에게 확인의 표를 찍어 주시고(에페 1,13; 4,30), 우리 안에 거처하십니다(에페 3,17; 1코린 3,16). 또한 그리스도께서 교회 안에 직책을 나누어 주시듯이 성령도 원하시는 대로 그리스도인들에게 능력을 나누어 주십니다(1코린 12,4-11). 따라서 그리스도인은 부활하신 주 그리스도의 활동을 '성령'의 활동으로서 자기 안에 경험하게 됩니다.

그러나 사도 바오로에 따르면, 성령에게 고유한 활동도 있습니다. 가령, 성령은 우리 마음속에 하느님의 사랑을 부어 주십니다(로마 5,5). 우리는 '성령으로 쓰인 소개장'이 됩니다(2코린 3,3). 성령은 하느님의 마음을 알고 하느님의 깊은 경륜을 헤아려 그것을 우리에게 계시하십니다(1코린 2,10). 성령은 우리를 도와주시고, 우리를 위해 간구하십니다(로마 8,26-27). 성령께서는 우리 마음속에 우리가 하느님의 자녀라는 것을 증언해 주십니다(로마 8,16).

이렇게 신약의 하느님 백성의 성령 체험은 삼위일체와 연관되어 있습니다. '삼위일체'란 말은 성서적인 용어가 아니라 교의신학적인 용어입니다. 교의신학에서는 예수 그리스도께서 알려 주신 하느님은 오직 한 분이신데, 성부와 성자와 성령 곧 세 위로 구분되고, 이 세 위는 각각 하느님이시며, 같은 흠숭과 같은 찬양을 받으신다고 말합니다. 이와 같이 위는 셋이지만 하느님은 한 분이시라는 신비를 가리켜 삼위일체라 합니다. 이러한 교의적인 정신은 콘스탄티노플 공의회(381)와 칼체돈 공의회(451)에서 비로소 선언된 것이지만, 이미 성경이 삼위일체 정신이 나올 수 있는 바탕을 보여 주고 있습니다.

예컨대 사도 바오로는 아버지이신 하느님과 그리스도와 성령 삼위를 잇달아 내세우면서 구원사업에서 각기 특별한 역할을 하신다는 것을 지적합니다. 특히 그의 편지에서 이 점을 자주 찾아볼 수 있습니다.

"주 예수 '그리스도'의 은총과 '하느님'의 사랑과 '성령'의 친교가 여러분 모두와 함께하기를 빕니다."(2코린 13,13)

"우리는 하느님의 신비롭고 또 감추어져 있던 지혜를 말합니다. 그것은 세상이 시작되기 전, 하느님께서 우리의 영광을 위하여 미리 정하신 지혜입니다. 이 세상 우두머리들은 아무도 그 지혜를 깨닫지 못하였습니다. 그들이 깨달았더라면 영광의 주님을 십자가에 못 박지 않았을 것입니다 …… 하느님께서는 성령을 통하여 그것들을 바로 우리에게 계시해 주셨습니다."(1코린 2,7-10)

"주님과 결합하는 이는 그분과 한 영이 됩니다. …… 여러분의 몸이 여러분 안에 계시는 성령의 성전임을 모릅니까? 그 성령을 여러분이 하느님에게서 받았고, 또 여러분은 여러분 자신의 것이 아님을 모릅니까? 하느님께서 값을 치르고 여러분을 속량해 주셨습니다. 그러니 여러분의 몸으로 하느님을 영광스럽게 하십시오."(1코린 6,17-20)

"은사는 여러 가지지만 성령은 같은 성령이십니다. 직분은 여러 가지지만 주님은 같은 주님이십니다. 활동은 여러 가지지만 모든 사람 안에서 모든 활동을 일으키시는 분은 같은 하느님이십니다."(1코린 12,4-6)

"우리를 여러분과 함께 그리스도 안에서 굳세게 하시고 우리에게 기름을 부어 주신 분은 하느님이십니다. 하느님께서는 또한 우리에게 인장을 찍으시고 우리 마음 안에 성령을 보증으로 주셨습니다."(2코린 1,21-22)

"그러나 때가 차자 하느님께서 당신의 아드님을 보내시어 여인에게서 태어나 율법 아래 놓이게 하셨습니다. 율법 아래 있는 이들을 속량하시어 우리가 하느님의 자녀 되는 자격을 얻게 하시려는 것이었습니다. 진정 여러분이 자녀이기 때문에 하느님께서 당신 아드님의 영을 우리 마음 안에 보내 주셨습니다. 그 영께서 '아빠, 아버지!' 하고 외치고 계십니다."(갈라 4,4-6)

"믿음으로 의롭게 된 우리는 우리 주 예수 그리스도를 통하여 하느님과 더불어 평화를 누립니다. 믿음 덕분에, 우리는 그리스도를 통하여 우리가 서 있는 이 은총 속으로 들어 올 수 있게 되었습니다. 그리고 하느님의 영광에 참여하리라는 희망을 자랑으로 여깁니다. 그뿐만 아니라 우리는 환난도 자랑으로 여깁니다. …… 우리가 받은 성령을 통하여 하느님의 사랑이 우리 마음에 부어졌기 때문입니다."(로마 5,1-5)

"하느님의 영이 여러분 안에 사시기만 하면, 여러분은 육 안에 있지 않고 성령 안에 있게 됩니다. 누구든지 그리스도의 영을 모시고 있지 않으면, 그는 그리스도께 속한 사람이 아닙니다. …… 하느님의 영의 인도를 받는 이들은 모두 하느님의 자녀입니다."(로마 8,9.14)

"하느님의 나라는 먹고 마시는 일이 아니라, 성령 안에서 누리는 의로움과 평화와 기쁨입니다. 그리스도를 이렇게 섬기는 이는 하느님 마음에 들고 사람들에게도 인정을 받습니다."(로마 14,17-18)

"이 은총은 내가 다른 민족들을 위하여 그리스도 예수님의 종이 되어, 하느님의 복음을 전하는 사제직을 수행하기 위한 것입니다. 그리하여 다른 민족들이 성령으로 거룩하게 되어 하느님께서 기꺼이 받으시는 제물이 되게 하는 것입니다."(로마 15,16)

세례 받으시는 그리스도
프라 안젤리코(Fra Angelico, 1387~1455)

"형제 여러분, 나는 우리 주 예수 그리스도를 통하여 성령의 사랑으로 여러분에게 부탁합니다. 나를 위하여 하느님께 기도드리며 나와 함께 싸워 주십시오."(로마 15,30)

"우리 주 예수 그리스도의 아버지 하느님께서 찬미받으시기를 빕니다. 하느님께서는 그리스도 안에서 하늘의 온갖 영적인 복을 우리에게 내리셨습니다. …… 사랑으로 예수 그리스도를 통하여 우리를 당신의 자녀로 삼으시기로 미리 정하셨습니다. …… 여러분도 그리스도 안에서 진리의 말씀, 곧 여러분을 위한 구원의 복음을 듣고 그리스도 안에서 믿게 되었을 때, 약속된 성령의 인장을 받았습니다."(에페 1,3-13)

"그 기도는 우리 주 예수 그리스도의 하느님, 영광의 아버지께서 여러분에게 지혜와 계시의 영을 주시어 여러분이 그분을 알게 되고, 여러분 마음의 눈을 밝혀 주시어 그분의 부르심으로 여러분이 지니게 된 희망이 어떠한 것인지, 성도들 사이에서 받게 될 그분 상속의 영광이 얼마나 풍성한지 여러분이 알게 되기를 비는 것입니다."(에페 1,17-18)

"여러분도 그리스도 안에서 성령을 통하여 하느님의 거처로 함께 지어지고 있습니다."(에페 2,22)

"그 신비가 과거의 모든 세대에서는 사람들에게 알려지지 않았지만, 지금은 성령을 통하여 그분의 거룩한 사도들과 예언자들에게 계시되었습니다. 곧 다른 민족들도 그리스도 예수님 안에서 복음을 통하여, 공동 상속자가 되고 한 몸의 지체가 되며 약속의 공동 수혜자가 된다는 것입니다. 하느님께서 당신의 힘을 펼치시어 나에게 주신 은총의 선물에 따라, 나는 복음의 일꾼이 되었습니다."(에페 3,5-7)

"이 때문에, 나는 아버지 앞에 무릎을 꿇습니다. 하늘과 땅에 있는 모든 종족이 아버지에게서 이름을 받습니다. 아버지께서 당신의 풍성한 영광에 따라 성령을 통하여 여러분의 내적 인간이 당신 힘으로 굳세어지게 하시고, 여러분의 믿음을 통하여 그리스도께서 여러분의 마음 안에 사시게 하시며, 여러분이 사랑에 뿌리를 내리고 그것을 기초로 삼게 하시기를 빕니다."(에페 3,14-17)

"우리 구원자이신 하느님의 호의와 인간애가 드러난 그때, 하느님께서 우리를 구원해 주셨습니다. 우리가 한 의로운 일 때문이 아니라 당신 자비에 따라, 성령을 통하여 거듭나고 새로워지도록 물로 씻어 구원하신 것입니다. 이 성령을 하느님께서는 우리 구원자이신 예수 그리스도를 통하여 우리에게 풍성히 부어 주셨습니다. 그리하여 우리는 그분의 은총으로 의롭게 되어, 영원한 생명의 희망에 따라 상속자가 되었습니다."(티토 3,4-7)

사실 우리는 바오로에게서 가장 오래된 신약의 삼위일체 정신을 대하게 되는 것이 그리 놀랄 일은 못됩니다. 그에 따르면, 한 분이신 성령(πνευμα)이시지만, 그분의 은사는 여러 가지이며 서로 다릅니다. 한 분이신 주님(κυριος)이시지만 인간적 봉사의 방법들은 서로 다릅니다. 한 분이신 하느님(θεος)이시지만, 하느님의 권능을 우리가 체험하는 방식은 서로 다릅니다.

이처럼 일치를 이루시는 서로 다른 하느님의 존재 양식이 다양한 그리스도인들의 체험으로 인식됩니다. 이와 같은 삼위일체의 하느님에 관한 표현은 사도 바오로의 서간만이 아니라 공관복음과 요한 복음에서도 언급되고 있습니다.

예수님께서 세례를 받으셨을 때, 하느님의 말씀이 들리고, 비둘기 모양의 '성령'이 그리스도에게 내려옵니다.

"예수님께서는 세례를 받으시고 곧 물에서 올라오셨다. 그때 그분께 하늘이 열렸다. 그분께서는 하느님의 영이 비둘기처럼 당신 위로 내려오시는 것을 보셨다. 그리고 하늘에서 이렇게 말하는 소리가 들려왔다. '이는 내가 사랑하는 아들, 내 마음에 드는 아들이다.'"(마태 3,16-17)

예수님은 이사야 61장을 상기시키면서 성령의 내림으로 자신이 하느님의 종으로서의 사명을 받았다는 것을 선포하십니다.

"예수님께서는 성령으로 가득 차 요르단 강에서 돌아오셨다. 그리고 성령에 이끌려 광야로 가시어 사십일 동안 악마에게 유혹을 받으셨다. 예수님께서 성령의 힘을 지니고 갈릴래아로 돌아가시니, 그분의 소문이 그 주변 모든 지방에 퍼졌다. 예수님께서는 당신이 자라신 나자렛으로 가시어, 안식일에 늘 하시던 대로 회당에 들어가셨다. 그리고 성경을 봉독하려고 일어서시자, 이사야 예언자의 두루마리가 그분께 건네졌다. 그분께서는 두루마리를 펴시고 이러한 말씀이 기록된 부분을 찾으셨다. '주님께서 나에게 기름을 부어 주시니 주님의 영이 내 위에 내리셨다. 주님께서 나를 보내시어 가난한 이들에게 기쁜 소식을 전하고 잡혀간 이들에게 해방을 선포하며 눈먼 이들을 다시 보게 하고 억압받는 이들을 해방시켜 내보내며 주님의 은혜로운 해를 선포하게 하셨다.' 예수님께서 두루마리를 말아 시중드는 이에게 돌려주시고 자리에 앉으시니, 회당에 있던 모든 사람의 눈이 예수님을 주시하였다. 예수님께서 그들에게 말씀하기 시작하셨다. '오늘 이 성경 말씀이 너희가 듣는 가운데에서 이루어졌다.'"(루카 4,1-2.14.16-21)

예수님의 잉태를 마리아에게 전하는 천사의 메시지에서도 성령이 언급됩니다.

"성령께서 너에게 내려오시고 지극히 높으신 분의 힘이 너를 덮을 것이다. 그러므로 태어날 아기는 거룩하신 분, 하느님의 아드님이라고 불릴 것이다."(루카 1,35)

악령을 추방하는 활동과 관련된 예수님의 말씀에서도 하느님의 성령이 언급됩니다.

"내가 하느님의 영으로 마귀를 쫓아내는 것이면, 하느님의 나라가 이미 너희에게 와 있는 것이다."(마태 12,28; 루카 11,20 참조)

무엇보다도 용서받을 수 없는 죄와 관련하여 성령을 언급하십니다.

"사람의 아들을 거슬러 말하는 자는 용서받을 것이다. 그러나 성령을 거슬러 말하는 자는 현세에서도 내세에서도 용서받지 못할 것이다."(마태 12,32)

특히 예수님은 부활 후 제자들에게 약속하신 내용 속에서 성령을 언급하십니다.

"너희는 이 일의 증인이다. 그리고 보라. 내 아버지께서 약속하신 분(성령)을 내가 너희에게 보내 주겠다. 그러니 너희는 높은 데에서 오는 힘을 입을 때까지 예루살렘에 머물러 있어라."(루카 24,48-49)

이러한 성령께서는 예수님의 의도와 상관없이 별도로 작용하고 있다는 암시를 주는 구절도 만날 수 있습니다.

"예수님께서는 '누가 나에게 손을 대었다. 나에게서 힘이 나간 것을 나는 안다.' 하고 말씀하셨다."(루카 8,47)

한편 요한에게서는 성령에 관한 더욱 세련된 기술들을 보게 됩니다. 요한이야말로 성령이 누구신가 하는 물음에 가장 명백한 대답을 하고 있습니다. 요한 복음사가는 먼저 사도 바오로와 마찬가지로 아버지와 그리스도와 성령 사이의 밀접한 일치의 유대를 강조하고 있습니다.

"하느님은 영이시다. 그러므로 그분께 예배를 드리는 이는 영과 진리 안에서 예배를 드려야 한다."(요한 4,24)

"내가 아버지께 청하면, 아버지께서는 다른 보호자를 너희에게 보내시어, 영원히 너희와 함께 있도록 하실 것이다."(요한 14,16)

"내가 아버지에게서 너희에게로 보낼 보호자, 곧 아버지에게서 나오시는 진리의 영이 오시면, 그분께서 나를 증언하실 것이다."(요한 15,26)

"내가 떠나지 않으면 보호자께서 너희에게 오지 않으신다. 그러나 내가 가면 그분을 너희에게 보내겠다. 보호자께서 오시면, 죄와 의로움과 심판에 관한 세상의 그릇된 생각을 밝히실 것이다."(요한 16,7-8)

"그분 곧 진리의 영께서 오시면 너희를 모든 진리 안으로 이끌어 주실 것이다. …… 또 앞으로 올 일들을 너희에게 알려 주실 것이다. 그분께서 나를 영광스럽게 하실 것이다. 나에게서 받아 너희에게 알려 주실 것이기 때문이다."(요한 16,13-14)

이처럼 성령께서는 예수님에 관해서 증언하시고, 예수님께서 가르친 것을 상기시키시고, 예수님을 현양하시고, 또 예수님의 것을 받아 사도들에게 알려 주십니다.

성경은 '삼위일체'라는 용어를 사용하고 있지는 않지만, 성부이신 하느님과 성자 예수님, 그리고 협조자 또는 보호자이신 성령의 모습을 분명하게 드러내고 있습니다. 그리스도교 삼위일체 이론은 인간의 지성으로 이해하기 어려운 신비이지만, 성경에 언급된 성부, 성자, 성령의 관계를 알아듣고자 하는 노력의 산물입니다.

날마다 생각한 하느님 23

포기할 수 없는 삼위일체 하느님 신앙

"그러므로 너희는 가서 모든 민족들을 제자로 삼아,
아버지와 아들과 성령의 이름으로 세례를 주고,
내가 너희에게 명령한 모든 것을 가르쳐 지키게 하여라.
보라, 내가 세상 끝 날까지 언제나 너희와 함께 있겠다." (마태 28,19-20)

하느님은 한 분이시며, 또한 하느님은 성부, 성자, 성령 세 위가 계신다고 가르칩니다. 하나와 셋, 참 어렵습니다. 의문이 많습니다. 이건 기본 수학의 원칙도 벗어나는데, 어떻게 이것을 믿으라고 하는가? 교회에는 어리석은 사람들만이 모여 있는 것일까? 맹신자들만 모인 것은 아닐까? 교회는 어떤 교묘한 속임수로 사람들의 눈을 가리고 있는 것은 아닐까?

교회는 성경에서 언급하고 있는 하느님에 대해서만 이해하고 말할 뿐입니다. 성경은 분명 하느님은 한 분이시라고 말합니다. 그러면서도 성자도 성령도 성부와 마찬가지로 하느님이시라고 말합니다. 이를 어떻게 알아들어야 합니까? 도저히 알아들을 수 없으니, 좀 더 쉽게 설명을 해야 하는 것 아닙니까?

그래서 많은 신학자들이 쉬운 설명을 시도했습니다. 어떤 이단자들은 천지를 창조할 때는 하느님이 아버지의 모습으로, 2000년 전에는 마리아의 아들로 태어나신 성자의 모습으로, 성자 그리스도께서 부활 승천하신 다음에는 성령의 모습으로 나타났다고 설명하면 되지 않겠느냐고 했습니다. 그러면 아주 쉽게 이해할 수 있습니다. 이런 설명을 양태론, 즉 모달리즘(사벨리아니즘)이라고 합니다.

배우가 많지 않았던 옛적에는 연극을 하기 위해서 한 사람이 여러 역을 맡았습니다. 아버지 가면을 쓰고 아버지 목소리를 내고, 아들 가면을 쓰고 아들 목소리를 내면서 연극을 생동적으로 연출했습니다. 이러한 일인다역의 연기자처럼 한 분이신 하느님께서 성부의 역할도 하시고, 성자의 역할도 하시고, 성령의 역할도 하신다고 설명하는 것입니다. 그렇다면 한 분의 세 가지 역할로서의 삼위일체를 이해할 수는 있습니다.

그러나 문제가 있습니다. 겟세마니 동산에서 예수님이 아버지 하느님께 드리신 기도는 일종의 연기에 불과하다는 이야기가 됩니다. 결국 자기가 자신에게 기도한 꼴입니다. 결국 우리는 그렇게 인간을 기만하는 하느님을 믿고 있는 것입니까? 우리는 우리를 속이는 하느님을 믿을 수 없습니다. 그런 이유로 이해하기는 쉬웠지만 그 설명을 받아들이지 못했습니다. 교회는 그 이론을 이단으로 판단하였습니다.

신학자들은 새로운 설명을 시도하였습니다. 본래 하느님은 아버지 한 분뿐이시고, 예수님은 본디 인간이었는데 워낙 착하게 사셨고 하느님의 뜻을 따라 사셨기 때문에 하느님 아버지께서 아들로 삼아 주셨다는 소위 양자 입양설입니다. 그리고 훗날 예수를 성자로 입양했듯이 성령도 그렇게 입양했다고 한다면, 구약의 이스라엘 백성으로부터 물려받은 유일신 신앙을 보존하면서도 세 분의 하느님을 쉽게 이해할 수 있습니다.

그러나 여기에도 문제는 여전히 있습니다. 그렇다면 결국 구약의 백성이 오랜 세월 기다려 왔던 메시아란 결국 한낱 인간일 뿐입니다. 또한 인간이 죄를 지어 하느님과 결별하게 되었다는 원죄에서 인간은 헤어날 길이 없는 셈입니다. 죄란 그 자체로 큰 것과 작은 것이 있습니다만, 또는 똑같은 죄도 상대에 따라 달라지기 마련입니다. 동생을 구타하는 것과 아버지를 구타하는 것은 전적으로 다릅니다.

상대가 높고 귀중할수록 같은 종류의 죄도 커지기 마련입니다. 그리고 아버지는 우리가 동생을 때린 죄를 용서하실 수 있지만, 동생은 우리가 아버지를 때린 죄를 용서할 수는 없습니다. 결국 하느님께 잘못한 엄청난 죄를 한낱 인간에 불과한 메시아가 대신 속죄하고 죄를 용서한다는 이야기가 됩니다. 그래서 교회는 양자 입양설도 받아들이지 않았습니다.

교회는 알아들을 수 없지만, 예수님께서 하느님을 아버지로 부르고 또 자신이 아버지 하느님에게 대등하게 '아빠'로 부를 수 있는 자로서의 모습을 보여 주셨을 때, 그것은 한낱 연극이 아니라 현실적 표현이라는 것을 진지하게 받아들이자는 것입니다. 성경은 아버지 하느님과 아들 예수님의 관계를 진지하게 언급하고 있습니다.

"내가 내 아버지의 이름으로 하는 일들이 나를 증언한다."(요한 10,25)

"아버지와 나는 하나다."(요한 10,30)

"내가 그 일들을 하고 있다면, 나를 믿지 않더라도 그 일들은 믿어라. 그러면 아버지께서 내 안에 계시고 내가 아버지 안에 있다는 것을 너희가 깨달아 알게 될 것이다."(요한 10,38)

"아버지께서 저에게 하라고 맡기신 일을 완수하여, 저는 땅에서 아버지를 영광스럽게 하였습니다. 아버지, 세상이 생기기 전에 제가 아버지 앞에서 누리던 그 영광으로, 이제 다시 아버지 앞에서 저를 영광스럽게 해 주십시오."(요한 17,4-5)

"저의 것은 다 아버지의 것이고 아버지의 것은 제 것입니다."(요한 17,10)

"세상 창조 이전부터 아버지께서 저를 사랑하시어 저에게 주신 영광을 그들도 보게 되기를 바랍니다."(요한 17,24)

"의로우신 아버지, 세상은 아버지를 알지 못하였지만 저는 아버지를 알고 있었습니다. 그들도 아버지께서 저를 보내셨다는 것을 알게 되었습니다. 저는 그들에게 아버지의 이름을 알려 주었고 앞으로도 알려 주겠습니다. 아버지께서 저를 사랑하신 그 사랑이 그들 안에 있고 저도 그들 안에 있게 하려는 것입니다."(요한 17,25-26)

무엇보다 한 분이시며 세 위가 되신다는 삼위일체 하느님은 인간에게 끝까지 알 수 없는 신비의 존재라는 사실을 말해 줍니다. 인간의 지성으로, 인간의 노력으로 파악할 수 있는 그렇게 만만한 분이 결코 아니라는 것입니다. 인간을 초월하시는 존재라는 사실을 분명하게 말해 줍니다. 사실 인간이 파악할 수 있다면, 아우구스티노 성인이 말한 것처럼, 그 존재는 이미 하느님이 아닙니다.

"만일 당신이 이해했다면, 그것은 하느님이 아닙니다. 만일 당신이 이해할 수 있었다면, 당신은 하느님이 아닌 것을 이해한 것입니다. 만일 당신이 부분적으로라도 이해할 수 있었다면, 당신의 생각에 속았을 뿐입니다."(엘리사벳 A 존슨, 《하느님의 백한 번째 이름》, 함세웅 옮김, 바오로 딸, 2000, 169-181쪽 재인용)

이처럼 교회는 하느님이 인간의 지성과 그 어떤 것도 넘어서는 초월적 존재이심을 삼위일체 신비를 통해 보존합니다. 그러므로 삼위일체 신비는 비유로만 설명될 수 있을 뿐입니다.

한스 폰 발타살은 이렇게 말합니다.

"하느님은 '삼위일체'라는 이 모든 선언은 불가해한 신비이며 여전히 그렇게 남아 있다. 우리가 하느님 안의 위격들을 말할 수 있음은 오직 유비적일 뿐이다(여기서 유사성보다는 비유사성이 훨씬 더 크다). 우리가 '낳고' '발하고' 또는 '숨을 내쉬며'라고 말할 수 있음도 오직 유비적일 뿐이다. 우리가 '셋'이라 말할 수 있음은 유비적일 뿐이다. 왜냐하면 '셋'은 절대와 관계된 것으로 숫자상 세상에서 보통 '셋'이라고 말하는 그것과는 전혀 다른 의미를 지니기 때문이다."("The Unknown God", p. 186)

또한 교회는 이 삼위일체 하느님은 우리가 추구하는 일치의 원인이요, 모형이요, 바탕임을 보여 줍니다(교회헌장 2-4항 참조). 오늘날 남북이 하나가 되고, 부부가 하나가 되고, 우리 교회 공동체가 하나가 되고, 인류가 하나가 되어야 하는 이유가 있다면, 그것은 성부, 성자, 성령이 세 위로 계시면서도 한 분 하느님을 이루시는 삼위일체 신비 때문입니다. 삼위일체 하느님이 우리가 서로 하나로 일치해야 하는 이유이며 좋은 모델입니다.

또 인류가, 민족이, 가정이, 공동체가 하나가 될 수 있는 그 기본 원리를 알려 줍니다. 그것은 바로 사랑이라는 것입니다. 사랑만이 하나가 될 수 있는 바탕임을 삼위일체 하느님이 말해 줍니다. 나무와 나무는 못으로 하나를 이룰 수 있습니다. 종이와 종이는 풀로 하나를 이룰 수 있습니다. 그러나 부부가 하나가 되고, 남북한이 하나가 되고, 우리 교회 공동체가 하나가 될 수 있는 끈은 사랑입니다. 삼위일체 하느님이 보여 주시는 사랑입니다.

이런 이유에서 교회는 알아들을 수 없으면서도 삼위일체 하느님의 신비를 포기하지 못합니다.

24 리처드 도킨스의 《만들어진 신》

"어리석은 자 마음속으로 '하느님은 없다.' 말하네.
모두 타락하여 악행을 일삼고 착한 일 하는 이가 없구나."(시편14,1)

    최근 우리 시대 최고의 물리학자로 손꼽는 스티븐 호킹이 "우주가 생성되는 데는 하느님의 존재가 필요 없다."는 말을 했다고 해서 신문에 토픽 기사로 난 적이 있습니다. 과학자들이라고 해서 하느님을 믿어야 하는 일에서 면제된 것은 아닙니다. 그들도 하느님께 다가가기 위해서는 믿음을 필요로 합니다. 하느님은 알 수 있는 존재가 아니라 믿어야 하는 분이시기 때문입니다.
    우리 시대에 와서 과학이 종교와 서로 의견이 엇갈린 이유로 하느님의 존재를 부정하려 합니다. 즉 성경에 나온 표현 그대로의 그리스도교 창조론과 과학이 거의 정설처럼 받아들이고 있는 우주의 기원으로서의 빅뱅 이론이 모순되는 것처럼, 또 자연과학의 진화론이 그리스도교 창조론과 대립하는 것으로 보면서, 하느님은 존재하지 않는다고 주장합니다.

최근 물리학자 가운데 하느님의 존재를 부인하는 리처드 도킨스라는 학자가 쓴 《만들어진 신》(The God Delusion)이라는 책이 '신은 과연 인간을 창조했는가?'라는 부제로 2007년 김영사라는 출판사에서 번역되었습니다.

이 책을 추천하는 유명한 인사들은 그의 생각과 이 책을 극찬하고 있습니다.

"리처드 도킨스는 우리 시대 최고의 과학자다. 유전자에 토대를 둔 생명의 진화를 탐구하는 그의 연구는 우리의 사유에 심오한 영향을 미쳐 왔으며, 이 책은 생각을 자극하는 그의 저술 전통을 그대로 잇고 있다."(크레이그 벤터, 인간 유전체 해독자)

"인간 세상이 어렴풋한 초월적 존재가 만든 편하고 안락한 곳일 필요가 없다고 생각하는, 지능과 지성을 갖춘 독자들이라면 이 책에서 기쁨을 얻을 것이다."(헤럴드 트리뷴)

"고고하게 신앙, 영혼, 미신으로 충만한 삶이 어쩌고저쩌고 하는 이야기만 계속 듣다가, 진실을 알리는 우렁찬 트럼펫 소리가 울리는 듯한 책을 읽으니 너무나 신선하다. 날아오를 것 같은 기분이다."(매트 리들리, 《본성과 양육》의 저자)

리처드 도킨스는 이러한 동조자들에게서 힘을 얻어 외치고 있습니다. "누군가 망상에 시달리면 정신 이상이라고 한다. 다수가 망상에 시달리면 종교가 된다."라며 신랄하게 비판하고 있습니다. 책의 원제목은 The God delusion입니다. 즉 '망상의 신'이라는 뜻입니다. 망상이란 모순되는 강한 증거에도 불구하고 잘못된 믿음을 고집하는 것, 즉 특히 정신 장애의 한 증상으로 풀이되고 있습니다.

리처드 도킨스에 따르면, 우리와 같은 그리스도교 신앙인은 정신 장애자이며 망상에 시달리고 있는 집단의 한 구성원이라는 것입니다. 그는 우리와 같은 신앙인들을 다음과 같이 정의합니다. "하느님을 초자연적 지성으로 이해하고 창조에 관여하며 인간과 더불어 긴밀한 관계를 맺고, 기도자에게 응답하고 죄를 용서하고 처벌하며 기적을 이룸으로써 세계에 관여하고 선행과 악행에 시시콜콜 관심을 가지며 우리가 선행을 하는지 악행을 하는지 아는 인격적 존재로 여기는 사람들"이라는 것입니다.

그러나 이와 같은 유신론자들과 달리 초자연적 지성을 믿지만, 그 지성이 우주를 지배하는 법칙들을 설정하는 일에만 관여할 뿐 인간사에 개입하거나 관심을 갖지 않는다고 생각하는 사람들을 이신론자들이라고 합니다. 즉 이신론자들이란 물을 타서 약하게 만든 유신론자들이라고 해석합니다.

그리고 리처드 도킨스 자신은 아이슈타인이나 호킹처럼 범신론자로 자처합니다. 범신론자들이란 스피노자와 마찬가지로, 인간의 운명에 관한 행위에 관여하는 신이 아니라, 존재의 질서 있는 조화 속에서 스스로를 드러내는 존재로서의 신을 인정하는 사람들이라는 것입니다. 그는 초자연적인 신을 아예 믿지 않지만, 신이라는 단어를 자연이나 우주 또는 그 움직임을 지배하는 법칙을 가리키는 초자연적 동의어로 사용하는 사람들이라는 것입니다.

칼 세이건의 범신론적 입장은 이렇습니다.

"신이라는 말이 우주를 지배하는 물리 법칙들을 의미한다면 그런 의미의 신은 분명히 존재한다. 이 신은 정서적인 만족을 주지 않는다. …… 중력 법칙을 향해 기도한다는 것이 말이 되는가?"

리처드 도킨스는 범신론이란 매력적으로 다듬은 무신론이라고 해설합니다. 그리고 자신을 강력한 무신론자로 자처합니다. "사실상 무신론자, 확실히 알 수는 없지만 신이 있을 것 같지 않다고 생각하고 신이 없다는 가정하에 사는 사람, 그러면서도 신이 있다는 것을 안다고 확신한 것만큼 나는 신이 없다는 것을 안다고 주장하는 강력한 무신론자 쪽으로 기우는 편"이라고 말합니다. 그러니까 '하느님은 있지 않다.'는 쪽을 택하면서도 혹시 계시는 것은 아닐까라는 어떤 의심이 조금 남아 있다는 것을 암시하는 듯합니다.

과연 아인슈타인은 리처드 도킨스의 말처럼 범신론자인가? 그의 발언은 다음과 같습니다.

"종교 없는 과학은 불구이고 과학 없는 종교는 장님이다."

"물론 당신이 내 종교적 확신에 관해 읽은 것은 거짓말, 체계적으로 되풀이된 거짓말이었다. 나는 인격신을 믿지 않는다. 나는 그 점을 결코 부정하지 않고 명확히 표현해 왔다. 내 안에 종교적인 무언가가 있다면, 그것은 우리 과학이 밝혀낼 수 있는 세계의 구조에 관한 무한한 찬탄이다."

"나는 지극히 종교적인 불신자다. 이것은 다소 새로운 종류의 종교다. 나는 자연에 목적이나 목표 혹은 의인화라고 이해될 만한 것을 전혀 갖다 붙인 적이 없다. 우리는 자연을 매우 불완전하게만 이해할 수 있고, 이는 생각하는 인간이 겸손으로 채워야 하는 장엄한 구조다. 그것은 신비주의와 아무런 관련이 없는, 진정으로 종교적인 감정이다. 인격신이란 개념은 내게 아주 이질적이며 심지어 소박하게까지 보인다."

저는 이러한 아인슈타인의 발언을 보면 완전한 무신론자도 아니고, 또 범신론자도 아니라는 생각이 듭니다. 그리고 저는 '나는 인격신을 믿지 않는다.'는 아인슈타인의 말에서 인격신에 관한 설명이 필요하다고 여깁니다. 하느님은 '인격'이 아닙니다. 엄밀하게 말해서 '신격'입니다. 비유적으로 '인격신'이라고 말하는 것입니다.

인격이란 무엇입니까? 우리는 광물과 생물을 구별합니다. 생물 가운데 식물과 동물을 구별합니다. 동물 가운데 짐승과 사람을 구별합니다. 과거에는 식물과 동물과 사람을 생혼, 각혼, 영혼으로 구별했습니다. 식물은 생혼을 지니고 있고, 동물은 각혼을 지니고 있으며, 사람은 영혼을 지니고 있다는 것입니다.

우리는 광물보다 귀한 존재로서 식물, 식물보다 더 탁월한 위치에 있는 동물, 동물보다 더 뛰어난 존재로서 인간을 이야기합니다.

그리고 인간보다 더 탁월한 존재로 순수한 영적 존재인 천사들을 생각합니다. 하느님은 보이는 것과 보이지 않는 것을 창조하신다고 믿습니다. 그리고 우리는 세상에는 보이지 않는 것도 있음을 느낍니다.

그리고 우리는 인간을 다른 존재와 구별하는 것을 또한 인격이라고 합니다. 사람다움을 말하는 것입니다. 그러므로 동물보다 더 우월한 존재인 인간, 천사, 하느님을 모두 인격적이라고 보는 것입니다. 엄격하게 말하면 하느님은 신격적인 존재이지 인격적인 존재가 아닙니다만, 우리가 보는 이 세계에서 하느님은 물질적인 존재가 아니라 인격적인 존재라고 비유적으로 표현하고 있는 셈입니다.

또 한편으로 저는 아인슈타인, 호킹, 스피노자, 칼 세이건, 리처드 도킨스와 같은 과학자, 지식인, 소위 똑똑하다는 사람들에게도 하느님은 여전히 믿어야 하는 존재라는 사실에서 하느님은 공평한 분이라는 사실을 확인합니다.

하느님께서 똑똑한 사람들에게만 드러나는 분이라고 한다면, 세상은 얼마나 불공평합니까? 그렇지 않아도 불공평한 것으로 가득한 이 세상에서 하느님을 믿는 일까지 배운 사람들에게 더 쉽다고 한다면 불공평하고 억울한 일이 아닐 수 없습니다. 하느님은 누구에게나 믿음으로 다가갈 수 있는 분이십니다. 많이 배운 사람, 적게 배운 사람, IQ가 높은 사람, 낮은 사람, 나이가 많은 사람, 적은 사람, 남녀노소, 신분의 귀천, 빈부 상관없이 모두에게 하느님은 믿어야 하는 분입니다.

하느님은 누구에게나 믿을 수 있는 믿음의 대상이십니다.

리처드 도킨스의 종교에 대한 신랄한 공격은 사실 하느님에 대한 공격이라기보다는 종교인들에 대한 공격입니다. 하느님을 잘못 이해하고 잘못 믿는 사람들에 대한 공격이라 여겨집니다. 그는 오늘날 맹목적으로 하느님을 믿고, 그 하느님을 자기 마음대로 조작하는 미신행위에 일침을 가합니다.

하느님은 문제 해결이 어려울 때마다 들먹이며 대용품으로 사용하는 구멍 메우기의 하느님이 아니라는 것입니다. 우리는 우리 시대 범신론자 또는 무신론자로 자처하는 사람들이 외치는 소리를 들어야 합니다. 그리스도교가 하느님을 심판관으로, 무섭게 복수하시는 하느님으로 그려냈기 때문에 그런 하느님을 거부하는 것입니다.

리처드 도킨스는 책 서두에 다음과 같은 이야기를 하고 있습니다.

"종교의 이름으로 자행되는 사악한 행위를 우려하는 사람이 많은 것이다. …… 존 레넌의 노랫말처럼 '상상해 보라, 종교 없는 세상을.' 자살 폭파범도 없고, 911 사건도, 런던 폭탄 테러도, 십자군도, 마녀 사냥도, 화약 음모 사건도, 인도 분할도, 이스라엘과 팔레스타인의 전쟁도, 세르비아와 크로아티아와 보스니아에서 벌어진 대량 학살도, 유다인을 '예수 살인자'라고 박해한 것도, 북아일랜드 분쟁도, 머리에 기름을 바르고 번들거리는 양복을 빼입은 채 텔레비전에 나와 순진한 사람들의 돈을 우려먹는 복음 전도사도 없다고 상상해 보라. 고대 석상을 폭파하는 탈레반도, 신성 모독자에 대한 공개 처형도, 속살을 살짝 보였다는 죄로 여성에게 채찍질을 가하는 행위도 없다고 상상해 보라. ……"

그들은 하느님을 자기 마음대로 생각해서 그 하느님의 이름으로 전쟁과 폭력을 행사하는 종교인들에게 질려 있는 것입니다. 하느님을 아전인수 격으로 해석해서 다른 사람을 미워하고 죽이는 종교인들에 대해 질려 있는 것입니다.

우리는 우리 마음대로 하느님을 만들어서는 안 됩니다. 그러나 우리는 나에게 편리한, 나에게 유리한 하느님을 만들어 냅니다. 나에게는 자비를 베풀고, 나의 원수에게는 잔인한 복수를 하는 하느님을 만들어 냅니다. 하느님은 그렇게 내가 내 마음대로 생각해 낼 수 있는 분이 아닙니다.

그분이 자신을 스스로 알려 주셔야만 우리가 알 수 있는 분이십니다. 그러므로 우리는 하느님을 체험한 사람들의 목소리에 귀를 기울여야 합니다. 하느님이 하시는 말씀을 잘 들어야 합니다. 아울러 하느님을 부정하는 사람의 목소리에 귀 기울여야 합니다. 그들이 부정하는 그 정체를 찾아야 합니다.

25 《신의 언어》의 저자 프랜시스 S. 콜린스의 하느님

"정녕 당신께서는 제 속을 만드시고 제 어머니 배 속에서 저를 엮으셨습니다. 제가 오묘하게 지어졌으니 당신을 찬송합니다. 당신의 조물들은 경이로울 뿐. 제 영혼이 이를 잘 압니다. 제가 남몰래 만들어질 때 제가 땅 깊은 곳에서 짜여질 때 제 뼈대는 당신께 감추어져 있지 않았습니다."(시편 139,13-15)

리처드 도킨스의 《만들어진 신》을 출간한 우리나라 출판사 김영사는 아이러니하게도 2009년에 프랜시스 S. 콜린스의 《신의 언어》(The Language of God)라는 책을 번역해서 출판하였습니다. 프랜시스 콜린스는 1993년 세계 6개국 2천 명의 과학자들이 참여하는 인간 게놈 프로젝트를 총지휘하여 2003년 역사적으로 인간의 몸을 구성하는 31억 개의 유전자 암호를 모두 밝히는 게놈 지도를 완성한 과학자입니다.

이 책을 추천하는 저명인사들은 이 책을 극찬하고 있습니다.

"명쾌한 과학적 설명과 개인적 사색이 어우러진 콜린스의 이야기에는 지적, 영적 솔직함이 녹아 있다. 종교적 신념이 어떻게 과학적 지식과 화해할 수 있는지 의심스러운 사람, 현대 과학이 종교적 신념의 심장부를 강타한다고 걱정하는 사람, 우리 시대의 중요한 문제를 다룬 수준 높은 토론에 관심 있는 사람이라면, 이 책을 꼭 한번 읽기 바란다."(윌리엄 필립스 1997년 노벨 물리학상 수상자)

"《신의 언어》는 세계적인 과학자의 호소력 있는 신앙 고백이다. 프랜시스 콜린스는 독자들에게 믿음과 이성을 아우르는 지식의 통합을 요구한다. 그가 증명해 보이듯 믿음은 과학적 이성의 적이 아니라 완벽한 보완물이다. 인간 게놈 프로젝트 총감독인 그가 들려주는 호소력 있는 개인적 증언은 어떤 이에게는 놀라움을, 어떤 이에게는 기쁨을 줄 것이다."(케네스 밀러, 브라운 대학교 교수)

"시기적절하고 예리하다. 콜린스는 진화론을 이해하면 믿음이 방해가 되기는커녕 우주가 더없이 독창적이고 오묘하다는 사실을 깨닫게 된다고 말한다."(폴 데이비스《제5의 기적 생명의 기원》저자)

2003년 게놈 프로젝트의 인간 유전자 지도가 완성되던 날, 미국 클린턴 대통령은 다음과 같이 연설을 했다고 합니다.

"(200년 전 메리웨더 루이스가 만든 지도를 펼쳐놓은 토머스 제퍼슨 대통령과 비교하면서) 이 지도는 인류가 만든 가장 중요하고 경이로운 지도가 틀림없습니다. …… 오늘 우리는 하느님이 생명을 창조하실 때 사용하신 언어를 배우고 있습니다. 우리는 하느님이 내려 주신 가장 신성하고 성스러운 선물에 깃든 복잡성과 아름다움과 경이로움에 그 어느 때보다도 큰 경외심을 느끼게 되었습니다."

그리고 유전자 지도를 완성하는 데 총지휘를 한 콜린스는 다음 몇 마디를 덧붙였습니다.

"오늘은 전 세계에 경사스러운 날입니다. 지금까지 오직 하느님만이 알고 있던 몸의 설계도를 처음으로 우리가 직접 들여다보았다는 사실에 저는 겸허함과 경외감을 느낍니다."

과학적 업적에 대해 클리턴 대통령과 과학자 콜린스는 '하느님이 생명을 창조하실 때 사용하신 언어', '하느님만이 알고 있는 몸의 설계도'라는 말을 서슴없이 하였습니다. 잘못된 일입니까? 아니면 당연한 일입니까? 우리는 과학을 잘 모릅니다만, 생명 공학에 속하는 유전자 지도는 어마어마한 작업임에 틀림없습니다.

우리 몸의 기본 세포에는 DNA가 있고, 유전자 암호에는 30억 개의 유전자 정보가 있는데, 과학자들은 그 암호를 4개의 알파벳으로 표시하고 있습니다. 이 암호를 1초에 하나씩 읽는다고 해도 암호 전체를 읽어 내려면 밤낮 31년이 꼬박 걸린다는 것입니다. 그 때문에 이 게놈 프로젝트를 완성하기 위해서 6개국 2000여 명의 과학자들이 10여 년을 연구하였고, 그 결과 이루어 낸 것입니다. 경제적 비용도 어마어마했을 것입니다.

오늘날 과학자들은 마치 하느님을 부인하는 것이 과학자인 양하지만, 실제로 1916년 생물학자, 물리학자, 수학자들을 대상으로 한 설문 조사에서나 1997년 설문 조사에서나 거의 똑같이 과학자의 40%가 기도에 응답해 주시는 하느님을 믿는다고 대답했습니다.

오늘날 진화론과 창조론, 그리고 빅뱅 이론과 하느님의 창조 이론을 대립시켜 과학과 종교가 마치 서로 대립하는 것처럼 이야기하고 있습니다. 앞서 말한 리처드 도킨스는 진화론을 믿는 과학자라면 마땅히 무신론자라야 한다는 논리를 폅니다.

"신앙은 증거를 평가하고 진지하게 고민하기를 회피하는 가장 그럴 듯한 핑계다. 신앙은 증거 부족에도 불구하고, 아니 어쩌면 증거 부족 때문에 믿음이 된다. 증거에 기초하지 않는 믿음인 신앙은 어느 종교에서나 주요 악이다."

자신도 처음에는 무신론자였던 프랜시스 콜린스는 고백합니다.

"내가 가장 당혹스러웠던 순간은 급성 편도염으로 날마다 고통에 시달리는 한 할머니가 내게 종교가 뭐냐고 물었던 때다. 나는 얼굴을 붉히며 '확신이 가지 않습니다.'라고 더듬거렸다. 할머니의 노골적인 놀라움은 내가 거의 26년 동안 회피해 온 난처한 문제를 끄집어냈다. 나는 믿음을 찬성하거나 반대하는 근거에 대해 한 번도 심각하게 고민한 적이 없었던 것이다. 이때의 일은 며칠을 두고 나를 괴롭혔다. 나는 스스로를 과학자라고 생각하지 않는가? 과학자가 자료를 검토하지 않고 결론을 내리는 경우가 있는가? 인생에서 '신이 존재하는가?'라는 질문보다 더 중요한 질문이 있을까? 처참한 깨달음이었다. 이 문제는 이제 회피할 수 없는 절박한 문제가 되었다."

분명한 일입니다. 어떻게 과학자가 자료를 검토하지 않고 결론을 내릴 수 있습니까? 깊이 따져 보길 꺼렸던 행동을 책임져야 한다는 것은 분명합니다. 오늘날 많은 과학자들이 프랜시스 콜린스처럼 과학자이기 때문에 회피해 온 이 문제를 검토하지 않고 결론을 내릴 수는 없습니다.

빅뱅 이론은 창조론과 대립하지 않습니다. 진화론은 창조론과 대립하지 않습니다. 우리가 믿는 하느님은 진화하는 세상을 창조하셨지 우리 인간처럼 고정된 세상을 창조하신 것이 아닌 까닭입니다. 제2차 바티칸 공의회나 선종하시어 복자가 되신 요한 바오로 2세 교황님께서는 일찍이 기회 있을 때마다 강조하셨습니다.

"우리는 우리가 되어야 할 존재가 되기 위해서 서로를 필요로 하고 있습니다. 과학은 종교를 오류와 미신으로부터 정화할 수 있고, 종교는 과학을 우상 숭배와 거짓 절대주의로부터 정화할 수 있습니다. 양자는 각기 타자를 보다 넓은 세계로, 양자가 그 안에서 번영할 수 있는 세계로 이끌어 들입니다."(요한 바오로 2세 교황, 현대 신학과 과학과의 대화에 관한 국제회의에서)

"교회와 과학의 신뢰에 찬 대화의 풍성한 결실에서 이익을 얻을 수 있습니다."(1986년, 교황청 과학원 총회에서)

프랜시스 콜린스도 말합니다.

"내 생각에는 엄격한 과학자가 되는 것과 우리 한 사람 한 사람에게 관심을 가지시는 하느님을 믿는 것 사이에는 상충되는 요소가 전혀 없다. 과학의 영역은 자연을 탐구하는 것이다. 신의 영역은 영적인 세계이며, 과학적 언어라는 수단으로는 탐색할 수 없는 영역이다. 따라서 가슴으로, 머리로, 영혼으로 탐색해야 하며, 머리는 양쪽 영역을 끌어안을 방법을 찾아야 한다."

오늘날 교회는 성경의 창조 진술의 타당성과 창조자이신 하느님에 대한 믿음을 지지하면서 아울러 세계와 인간의 기원에 대한 과학적 설명을 어느 정도 인정하고 있습니다.

"사실, 만물은 창조의 조건 자체에서 고유의 안정성과 진리와 선, 또 고유의 법칙과 질서를 갖추고 있으므로, 인간은 이를 존중하여야 하고 학문이나 기술의 각기 고유한 방법을 인정하여야 한다. 그러므로 모든 분야의 방법론적 탐구가 참으로 과학적인 방법으로 도덕 규범에 따라 이루어진다면 결코 신앙과 참으로 대립할 수 없을 것이다. 세속 사물이나 신앙의 실재는 다 똑같은 하느님에게서 그 기원을 이끌어 내기 때문이다"(사목 헌장, 36항).

이러한 새로운 인식 속에서 그리스도교는 신학과 과학이 상호의존적이며 협력적 관계임을 이해하고 있습니다. 다만 종을 뛰어넘는 진화는 가능하지 않다는 것입니다. 어쩌면 오늘날 생물들의 진화를 잘 설명해 주는 것이 바로 유전자에 관한 생명 공학일 것입니다.

또한 우리는 빅뱅 이론을 반대하는 것이 아닙니다. 그 빅뱅이 왜 일어났는지? 누가 그것이 일어나게 했는지? 우리는 그분이 하느님이라고 믿는 것입니다. 그 어마어마한 유전자는 바로 하느님의 언어라고 믿는 것입니다.

26 샤를 델레의 《소용없는 하느님》

"믿음 덕분에, 우리는 그리스도를 통하여 우리가 서 있는 이 은총 속으로 들어올 수 있게 되었습니다. 그리고 하느님의 영광에 참여하리라는 희망을 자랑으로 여깁니다."(로마 5,2)

샤를 델레 신부님은 하느님에 관한 우리의 생각을 뒤집어 놓습니다. 우리는 하느님을 생각조차 하지 않다가 갑자기 어려워지면, 우리의 힘으로 도저히 감당할 수 없으면, 도움을 청하기 위해서 하느님을 찾습니다. 그리고 그 문제가 해결되면 우리는 언제 그랬느냐는 듯이 하느님을 까마득하게 잊고 삽니다.

프랑스 작가가 그린 만화에서 아담이 하와를 만나 데이트하느라 바쁘다고 주일 미사를 빼먹고 하느님께 다음에 보자고 "아듀!" 하며 떠나는 그림을 보았습니다. 오늘날 우리의 초상화의 한 장면인 듯싶습니다. 필요하면 찾고 필요하지 않으면 잊고 사는 우리들입니다.

일찍이 프랑수아 바리용 신부님은 지적한 바 있습니다.

"하느님이 필요하기 때문에 하느님을 긍정한다. 하느님이 필요 없기 때문에 하느님을 부정한다. 이 대립된 두 형식은 모두 빈약한 발상이다."

샤를 델레 신부님은 이 지적에 적극 동의하는 셈입니다.

"만일 하느님이 어디에 소용되느냐고 질문한다면 …… 하느님은 아무 데도 소용되지 않는다." 우리는 소용되기 때문에 하느님을 믿어 왔는데, 그 기초부터 무너지는 느낌입니다.

샤를 델레 신부님은 우리의 잘못된 생각을 계속 지적합니다. 사람들은 오랫동안 모든 과학의 허점을 메우는 데 하느님을 이용해 왔다고 말합니다. 그 결과 하느님을 하나의 잡부로 만들어 놓았고, 신앙과 과학을 분리시켜 놓고 말았다고 한탄합니다.

또 사람들은 하느님을 까다로운 헌병으로 여겨 왔다는 것입니다. 하느님이 인간들의 삶을 감시하여 착한 사람들에게는 상을 내려 주시고 악한 사람들에게 벌을 내려 주신다고 생각합니다. 그 판결 기준은 일괄적으로 한 번 설정해 놓은 엄격한 윤리라는 것입니다.

이러한 하느님에 관한 이해로써는 예수님이 알려 주신 하느님의 모습을 알아들을 수 없다는 것입니다. 죄인들을 위해 시간을 낭비하시는 하느님을 이해할 수 없다는 것입니다. 아흔아홉 마리의 양을 버려두고 잃어버린 한 마리의 양을 찾는 하느님을 이해할 수 없다는 것입니다. 재산을 모두 탕진하고 돌아온 아들을 아무 탓 없이,

아니 가장 멋진 옷을 입혀 주고 가락지를 끼워 주고 새 신발을 신겨 주고 살찐 송아지를 잡아 잔치를 벌이는 아버지로서의 하느님을 이해할 수 없다는 것입니다.

샤를 델레 신부님은 계속 강조합니다.

"하느님은 어떤 이득을 가져다주는 분이 아니다. 그분은 소득에 혈안이 된 이 현대 사회에서는 사치스러운 존재시다. 그분은 효력에만 급급한 세상에서 최고로 쓸모없는 무용의 존재시다. 그분은 돈을 보고 허겁지겁 달려가는 우리 인간을 무색하게 만드는 순수한 무상이시다."

그래서 우리는 예수님이 "하느님과 재물을 함께 섬길 수 없다."고 하신 말씀을 조금 이해할 듯합니다. 세상의 많은 사람들이 하느님보다 재물을 더 소중하게 여기는 것도 이해할 듯합니다.

샤를 델레 신부님은 다음과 같은 설명으로 소용없는 하느님의 큰 의미를 이해시켜 줍니다.

"금방 시들어 버리고 말 연약한 꽃이 어느 날 아침에 피어난다. 꽃은 스스로 피어나고 다른 꽃들에게 기쁨을 주기 위해 온갖 색깔들을 다 펼쳐 가며 장식한다. 이 꽃이 무슨 필요가 있는가? …… 그런 것들이 없다고 슬퍼할 사람이 있겠는가? …… 축제를 준비하기 위하여 많은 정력과 시간이 소비된다! …… 화려한 불빛과 꽃들이 우리 눈을 즐겁게 해 주는가 하면 음악이 우리 귀를 더욱 흥겹게 해 준다. 함께 나누는 대화와 춤, 노래 속에 시간은 너무나도 빨리 지나간다. …… 불과 몇 시간 후면 이런 풍요로운 잔치는 하나의 추억을 남긴 채 끝나 버리고 만다."

그렇습니다. 꽃이 내 방에 없다고 해도 내가 살아가는 데는 아무런 지장이 없습니다. 축제가 없다고 인간이 살아가지 못할 것도 없습니다.

아마 축제에 한 번도 참여하지 못하고 인생을 마친 사람도 많이 있을 것입니다. 우리에게 감명을 주는 책이나 영화를 보지도 못하고 삶을 아무렇지 않게 살아간 사람도 많습니다. 여행이 인생에 큰 도움을 준다고 하지만, 여행을 하지 않고도 산 사람이 많습니다. 인간은 빵이 없으면 살 수 없어도, 물이 없으면 살 수 없어도, 꽃이나 여행이나 책이나 축제는 없어도 살아가는 데 아무런 지장이 없습니다.

훌륭한 화가의 멋진 그림, 소용없습니다. 그 그림을 갖거나 보지 못해도 살아가는 데 아무런 불편이 없습니다. 하느님도 마찬가지입니다. 하느님을 믿지 않고서도 살아가는 사람들이 많습니다. 그들은 하느님 없이도 이 세상을 살아가는 데 아무런 지장을 느끼지 않습니다.

그런데 말입니다. 그렇게 소용없는 꽃이라 해도 꽃이 있어서 내 방이 더 화사하게 됩니다. 그렇게 소용없는 책으로 말미암아 내 삶이 더 풍요로워집니다. 그렇게 몇 시간이면 다 추억으로 남기고 사라질 소용없는 축제로 우리의 삶이 더 활기를 띠게 됩니다. 소용없는 꽃이 통째로 선물이 됩니다. 소용없기에 그 축제가 선물이 됩니다.

하느님도 그렇습니다. 하느님 없이도 이 세상을 살겠지만, 소용없는 하느님 때문에 내 삶이 더 든든해집니다. 하느님과 하느님께 대한 내 믿음이 통째로 선물이 됩니다. 하느님이 약속하시는 부활과 영원한 생명, 소용없는 것입니다. 애당초 인간은 세상 만물처럼, 아침에 피었다가 저녁에 시드는 꽃처럼, 무에서 왔다가 무로 돌아가는 존재였습니다. 생성되었다가 소멸되는 것이 당연했던 존재였습니다.

영원한 생명은 신들에게나 가능한 것이었습니다. 그랬기 때문에 부활과 영원한 생명은 하느님을 믿는 그리스도인들에게 통째로 주어진 선물이 된 것입니다. 소용없는 하느님! 그래서 그분은 우리에게 처음부터 끝까지 통째로 선물이 되십니다.

샤를 델레 신부님은 말합니다.

"인간의 가장 고상한 활동은 언제나 이 소용없는 것에 속한다."

사실 그렇습니다. 사람들은 빵만으로 살지 않습니다. 사는 데는 빵이 필수적이지만, 필수적인 빵보다 더 비싼 그림을 보거나, 연극을 보거나, 여행을 떠납니다. 소용없는 예술품을 위해 필수적인 집보다 더 비싼 값을 치릅니다.

그렇습니다. 우리가 살아가는 데 필요한 재물보다 소용없는 하느님을 위해 더 많은 시간과 더 많은 노력을 치러야 하는 것 아닐까요?

앤터니 플루의 《존재하는 신》

"사람이 무엇이기에 이토록 돌보아 주십니까? 신들보다 조금만 못하게 만드시고 영광과 존귀의 관을 씌워 주셨습니다. 당신 손의 작품들을 다스리게 하시고 만물을 그의 발아래 두셨습니다. 저 모든 양 떼와 소 떼 들짐승들하며 하늘의 새들과 바다의 물고기들 물속 길을 다니는 것들입니다. 주 저희의 주님 온 땅에 당신 이름, 이 얼마나 존엄하십니까!"(시편 8,5-10)

앤터니 플루(Antony Flew)는 50여 년간 현대 무신론을 주도할 만큼 악명 높았던 철학자입니다. 2004년 12월 9일 자 AP통신이 그의 회심을 머리기사로 전할 만큼 유명하였습니다.

"반세기가 넘도록 무신론의 대표적인 옹호자로 활동했던 영국의 철학 교수가 마음을 바꾸었다. 그는 오늘 목요일에 공개된 비디오에서 과학적 증거에 근거해 신을 믿게 되었다고 밝혔다."

1923년 런던에서 감리교 목사의 아들로 태어났지만, 철학을 공부하면서 "어디건 논증이 이끄는 곳으로 따라가야 한다."는 소크라테스의 철학적 원칙을 따라 하느님의 존재를 받아들이지 못했습니다. 그러나 "증거를 따라가면 결정적으로 신에 이르게 된다."는 결론을 얻어냈습니다.

앤터니 플루의 《존재하는 신》은, 옥스퍼드 대학 철학과 교수 대니얼 로빈슨이 지적하는 것처럼, "20세기의 대표적인 분석 철학자가 건전하고 일관성 있는 회의주의에서 출발해 합리적 근거들을 검토하고 증거를 존중하는 태도를 견지한 끝에 유신론에 이르게 된 지적 순례"입니다.

그의 회심은, 일부 사람들이 빈정대듯이, 내세로 들어갈 때가 얼마 남지 않다 보니 임종의 참회를 하게 된 것이 아님을 분명하게 밝히고 있습니다. 그리고 그는 늘 무신론자였던 것도 아니었습니다. 그는, 자신이 고백하는 것처럼, "킹스우드 스쿨에 들어갈 때 나는 열정적이지는 않아도 헌신적이고 성실한 그리스도교 신자"였습니다.

그러나 그를 무신론자가 되도록 한 이유 중 하나는 '악의 문제'였습니다. 그는 어려서 독일을 여행하면서 차별 대우를 받는 유다인의 고통을 체험하고 반유다주의와 전제주의라는 쌍둥이 악에 대한 인식을 하게 되었습니다. 그는 전능하고 완전히 선한 신의 개념은 세상에 분명히 존재하는 악과 모순된다고 보았습니다. 열다섯 살 때 그는 우주가 선하고 전능한 신의 창조물이라는 명제를 거부했습니다.

"신이 우리를 사랑한다고 말하면, 그 주장이 어떤 현상을 배제하는지 물어야 한다. 당연히 고통과 고난의 존재가 주된 문제로 떠오른다. 유신론자들은 적절한 단서를 덧붙이면 이런 문제가 신의 존재 및 사랑과 조화를 이룰 수 있다고 말한다. 그러나 왜 그냥 신이 우리를 사랑하지 않는다고 결론을 내리면 안 되느냐는 의문이 생긴다.

유신론자들은 어떤 현상도 신이 우리를 사랑한다는 주장에 불리하게 작용하지는 않는다고 생각하는 듯하다. 그러나 이것은 어떤 현상도 그 주장에 유리하게 작용하지 않는다는 뜻도 될 것이다. 한마디로 공허한 주장이 되는 것이다. 그래서 나는 신에 대한 정교하고 무모한 가정이 1천 가지 단서에 의해 조금씩 죽임을 당할 것이라고 결론을 내렸다."

그의 두 번째 무신론적 근거는 '자유의지 변론'입니다. 신학자들은 세상의 악의 현상을 하느님께서 인간에게 자유의지를 주셨고, 그 때문에 인간이 자유의지로 죄를 짓는 까닭이라고 설명합니다. 앤터니 플루는 이러한 신학자들의 입장에 대해서 반박합니다. 창조주가 인간에게 자유의지를 주었기 때문에 죄와 악이 생겨났다고 해도, 그것이 세상의 명백한 불행에 대한 창조주의 책임을 면제해 주는 것이 아니라고 보았습니다.

"사람이 미래에 자유롭게 내릴 선택을 다른 누군가가 미리 안다고 해도 그것은 여전히 자유로운 선택이듯, 자유로운 선택이 물리적 원인에 의해 생겨난 것이라 해도, 심지어 그 선택이 어떤 자연법칙으로 결정된 것이었다 해도 여전히 자유로운 선택이라고 일관성 있게 말할 수 있다. 이것이 조화론자의 주장이다.

나는 사람들이 자유롭게 선택을 내린다고 생각한다. 하지만 나중에 나는 인간이 자유롭게 내린 선택이 물리적 원인에서 나온 결과이기도 하다는 것을 일관성 있게 믿을 수 없음을 알게 되었다. 다시 말해 조화론은 설 자리가 없다."

앤터니 플루는 자신의 주장 《신학과 위증성》에 대해 지적하는 비판을 받아들입니다. 센트럴 워싱턴 대학의 교수 하임베크는 《신학과 의미》에서 다음 세 가지 오류를 지적합니다.

첫째, 문장의 의미가 그 문장이 담고 있는 주장이 경험적으로 함축하는 바와 동일하다고 가정한 점,

둘째, 어떤 믿음에 불리하게 작용하는 현상을 그 믿음에 모순되는 현상으로 가정한 점,

셋째, 신의 사랑이나 존재를 표현하는 진술이 원칙적으로 반증 불가능하다고 가정한 점입니다.

앤터니 플루는 그 점을 수긍합니다.

"나는 하임베크가 비판한 내용에 설득력이 있음을 인정했고, '불리하게 작용한다'와 '모순된다'를 똑같게 취급한 것은 잘못이라고 말했다."

앤터니 플루의 무신론적 입장의 결정적 논리는 '근거에 대한 불

가피한 요구'입니다. 하느님이 계시다는 것을 믿으려면 그 믿음에 대한 충분한 근거가 있어야 하는데, 그 근거를 하나도 내놓지 못한다면 하느님이 계셔도 믿을 충분한 이유가 존재하지 않는 것이니, 남아 있는 유일하고 타당한 입장은 부정적 무신론자나 불가지론자가 되는 것뿐이라는 것입니다.

앤터니 플루는 공개 토론에서 거침없이 주장했습니다.

"나는 신이 없다는 것을 압니다."

"신에 대한 믿음의 체계는 '미혼의 남편'이나 '둥근 사각형'과 같은 종류의 모순을 담고 있습니다."

"나는 개인적으로 우주가 시작도 없고 끝도 없을 거라고 믿고 싶습니다. 내가 아는 한, 이 믿음을 반박할 충분한 이유는 하나도 없습니다."

"나는 생명체가 무생물에서 헤아릴 수 없이 긴 기간에 걸쳐 진화했다고 믿습니다."

그러던 앤터니 플루가 2004년 5월 뉴욕 대학에서 있었던 공개 토론에서 하느님의 존재를 받아들인다고 선언하였습니다. 이 심포지엄에서 생명의 기원에 대한 최근 연구가 창조적인 지성 활동을 가리킨다고 생각하느냐는 질문에 다음과 같이 대답하였습니다.

"예. 그렇습니다. 제가 그렇게 생각하게 된 것은 …… 거의 전적으로 DNA 연구의 결과 때문입니다. DNA 연구의 가장 큰 성과는 (생명을) 만들어내는 데 필요하며 믿을 수 없을 만큼 복잡한 DNA 배열을 보여 줌으로써 엄청나게 다양한 요소들이 함께 작용하게 만드는 일에 지성이 틀림없이 개입했음을 보여 준 것이라 생각합니다.

엄청나게 많은 복잡한 요소들이 아주 미묘한 방식으로 협력합니다. 이 두 요소가 우연히 정확한 시기에 맞아떨어질 가능성은 참으로 희박합니다. 엄청난 복잡성으로 이루어진 그 결과는 제게 지성의 작품으로 보였습니다."

'논증이 어디로 이끌건 따라간다'는 원리에 충실했던 앤터니 플루는 마침내 DNA에서 하느님의 언어를 읽어 낸 것입니다. 인간 생명의 기본인 DNA는 그냥 우연히 탄생된 것이 아니라 그 어느 지성보다 뛰어난 지성의 작품이 아닐 수 없다는 것을 인정한 것입니다.

28 차동엽 신부의 《잊혀진 질문》

"바로 그분께서 만물에 관한 어김없는 지식을 주셔서 세계의 구조와 기본 요소들의 활동을 알게 해 주셨다. 또 시간의 시작과 끝과 중간, 동지 하지의 변경과 계절의 변화, 해가 바뀌는 것과 별자리, 짐승들의 본능과 야수들의 성질, 영들의 힘과 사람들의 생각, 갖가지 식물과 그 뿌리의 효험을 알게 해 주셨다. 그리하여 나는 감추어진 것도 드러난 것도 알게 되었다."(지혜 7,17-21)

일간 신문 광고에서 삼성의 고 이병철 회장이 가톨릭교회에 남긴 질문들을 보았습니다. 차동엽 신부는 24년 만에 그 질문을 넘겨받았다고 했습니다. 질문이 24가지라 했습니다. 차동엽 신부의 가슴을 뛰게 하는 질문이라 했습니다. 궁금해서 책을 사서 보았습니다.

신자들이 아닌 사람들이면 누구든 당연하게 질문할 수 있는 것들이었습니다. 그리스도교 신자들이라면, 적어도 그리스도교 사제라면 답을 할 수 있어야 하는 질문들이었습니다. 아니, 답을 해야 하는 질문들이었습니다.

사제들마다 답이 다르겠지만, 답안지를 작성해야만 하는 질문들이라 생각합니다. 그래서 제가 사는 동안 그 답안지를 나름대로 마련해야겠다는 생각입니다. 죽기 전에 해야 할 버킷 리스트(bucket list)의 한 가지 목록이 된 셈입니다.

첫 질문입니다.

신의 존재를 어떻게 증명할 수 있나?(신은 왜 자신의 존재를 똑똑히 드러내 보이지 않는가?)

하느님의 존재를 증명할 수 있습니다. 실제로 하느님의 존재를 증명한 사람은 많습니다. 그 중에 대표적인 사람은 안셀모(Anselmus) 성인과 토마스 아퀴나스(Thomas d'Aquinas) 성인입니다.

안셀모 성인은 하느님의 존재를 증명하기 위해 여러 날, 여러 해를 무척이나 고심하였습니다. 그분의 저술 《프로스로기온》에 아주 잘 나타납니다.

"내가 이 질문에 대해서 자주, 그리고 열심히 생각을 집중하는 동안, 어떤 때는 내가 찾고 있는 것이 곧 손에 넣을 수 있는 것처럼 보이다가도, 어떤 때는 내 정신의 예리함으로 도저히 도달하지 못하는 듯했다. 마침내 나는 절망한 나머지 그 대답을 발견하는 것이 불가능한 사태에 이르러 연구를 포기하려 했다. …… 그러던 어느 날 이런 괴롭힘에 대한 저항에 지쳐 있을 때 내가 포기했던 것이 사고의 혼란 속에 스스로 모습을 드러냈다. 그래서 나는 격렬히 거부하던 생각을 열심히 포착했다."《프로스로기온》의 머리말에서)

안셀모 성인이 포착한 하느님의 개념은 바로 '그것보다 더 큰 것이 생각될 수 없는 어떤 것'이었습니다. 그러한 개념으로서 '하느님'이 존재하지 않는다면, 존재가 결여되어 있기 때문에 '그것보다 더 큰 것이 생각될 수 없는 어떤 것'이 아닙니다. 그러므로 '그것보다 더 큰 것이 생각될 수 없는 어떤 것'으로서 '하느님'은 존재하지 않을 수 없다는 것입니다. 이를 두고 '존재론적 증명'이라 부릅니다.

이를 받아들이지 못하는 사람들이 많습니다. 개념 놀이라는 것입니다. 말장난이라는 것입니다. 실제로 존재하지 않는 것도 얼마든지 개념으로 우리 머릿속에 그려 넣을 수 있다는 것입니다. 가령 '하늘을 나는 말' '용'처럼 공상과 생각으로는 존재가 가능하다는 것입니다.

그러나 사실 우리는 날개를 가진 새나 말이라는 것이 없으면 그런 개념을 만들어내기가 어렵습니다. 용이라는 존재도 호랑이 눈과 돼지 코, 긴 도마뱀의 몸통을 합성해 놓은 것입니다. 그런 실재가 없다면 용의 개념도 존재하지 않습니다. 사람들은 논쟁합니다. 존재에서 개념이 나오는 것이냐? 개념에서 존재가 나오는 것이냐? 존재와 개념은 밀접한 관계를 지닙니다.

데카르트(Descartes)의 유명한 명제가 있습니다. "나는 생각한다. 그러므로 나는 존재한다." 그의 명제는 개념에서 존재가 나오는 것으로 이해되었습니다. 사실 그의 명제는 자신의 존재를 증명하기 위해 전제된 생각을 말했던 것인데 말입니다. 저는 존재로부터 생각과 개념이 나온다고 봅니다. 제가 존재하지 않는다면 생각도 개념도 없을 것입니다. 물론 나의 생각이 내가 존재한다는 것을 알려 줍니다.

한양대의 정민 교수가 《비슷한 것은 가짜다》라는 자신의 저서에서 연암 박지원의 '염제기'를 소개합니다. 이야기인즉, 송욱이라는 사람이 어느 날 술에 취해 잠이 들었다가 깼는데, 모든 것이 있는데 자기 자신만 없더라는 것입니다.

"눈을 들어 살펴보니 저고리는 옷걸이에, 바지는 횃대에 있고, 갓은 벽에 걸려 있고, 허리띠는 횃대 끝에 매달려 있었다. 책상 위엔 책이 놓여 있고, 거문고는 가로 놓이고, 비파는 세워져 있었다. 거미줄은 들보에 얽혀 있고, 파리는 창문에 붙어 있었다. 무릇 방안의 물건은 모두 그대로 있지 않은 것이 없는데 유독 자기만 보이지 않는 것이었다." (203-204쪽)

생각이 존재를 낳습니까? 존재가 생각을 낳습니까?

또 하나의 증명은 토마스 아퀴나스 성인의 '우주론적 증명'입니다. 이 증명의 전제는 다음과 같습니다.

- 이 세상에는 한계가 있고 변화하는 존재들이 있다.
- 한계가 있고 변화하는 모든 존재의 현존은 다른 존재가 원인이 되어 생겨난 것이다.

- 존재의 원인들의 무한 소급은 있을 수 없다. 유한한 존재들의 무한 소급으로는 어떤 존재도 생겨날 수 없기 때문이다.
- 그러므로 존재하게 만든 제1 원인이 있다.
- 제1 원인은 한계가 없고 필연적이며, 영원하고 단일하다.
- 자존하는 제1 원인을 그리스도교는 하느님이라 일컫는다.

토마스 아퀴나스 성인은 자연세계에 관한 체험을 바탕으로 하느님의 존재를 증명합니다. 그는 자연을 잘 관찰한 후 모든 존재는 결과로서 그 원인이 있음을 발견합니다. 자연에서 '저절로'라는 것을 인정하지 않습니다. 반드시 원인이 있다는 것입니다. 우리는 충분히 공감하고 인정합니다. 받아들이지 못하는 사람도 있을 수 있습니다.

우리는 한용운 님의 '알 수 없어요'라는 시를 잘 알고 있습니다.

"바람도 없는 공중에 수직의 파문을 내며 고요히 떨어지는 오동잎은 누구의 발자취입니까?

지리한 장마 끝에 서풍에 몰려가는 무서운 검은 구름의 터진 틈으로 언뜻언뜻 보이는 푸른 하늘은 누구의 얼굴입니까?

꽃도 없는 깊은 나무에 푸른 이끼를 거쳐서, 옛 탑 위에 고요한 하늘을 스치는 알 수 없는 향기는 누구의 입김입니까?

근원은 알지도 못할 곳에서 나서 돌부리를 울리고 가늘게 흐르는 작은 시내는 굽이굽이 누구의 노래입니까?

연꽃 같은 발꿈치로 가이없는 바다를 밟고, 옥 같은 손으로 끝없는 하늘을 만지며, 떨어지는 해를 곱게 단장하는 저녁놀은 누구의 시입니까?

타고 남은 재가 다시 기름이 됩니다. 그칠 줄 모르고 타는 나의 가슴은 누구의 밤을 지키는 약한 등불입니까?"

스님 시인은 "알 수 없다."고 했습니다. 원인이 없다고 말하지 않습니다. 그리고 모르지만 그것은 창조하신 분의 발자취, 얼굴, 입김이라고 암시하는 것이 아니겠습니까?

정약종 아우구스티노는 《주교요지》에서 원인결과론을 쉽고 명확하게 밝힌 바 있습니다.

"여기에 큰 집이 있다. 아래엔 기둥을 세우고, 위에는 들보를 얹고, 옆에는 벽을 맞추고, 앞에는 문을 내어 비바람을 가려야 사람이 몸을 담아 평안히 살 수 있으니, 이 집을 보면 어찌 '저절로 되었다.'고 하리요? 반드시 '목수가 있어서 만들었다.' 하리라.

만일 어떤 사람이 이 집을 보고 말하기를 '기둥과 들보와 벽이 창문과 저절로 어울려 되었다.'고 하면, 이 사람을 '지각이 없다.'고 할 것이라 …… 이 천지 같은 큰 집이 어찌 절로 되었으리요? 분명히 지극히 신통하시고 지극히 능하신 이가 계셔서 만들어야 될 것이니, 목수들을 보지 못해도 집을 보면 집 지은 목수들이 있는 줄을 알 것이요. 천주를 보지 못해도 천지를 보면 천지를 만드신 임자가 계신 줄을 알 것이라."(3항)

토마스 아퀴나스 성인은 만물은 저절로 되지 않는다는 원인결과론을 바탕으로 그 첫 번째 원인으로서 하느님의 존재를 추론합니다. 존재를 낳게 하는 작용 요인만이 아니라 모든 만물을 변화하게 하는 운동인으로서도 첫 번째가 있기 마련이고, 그 첫 원인이 바로 하느님이시라는 것입니다.

야구공은 저절로 날아가지 않습니다. 야구 방망이의 힘으로 날아갑니다. 야구 방망이는 그냥 돌아가지 않습니다. 야구 선수의 팔의 힘으로 움직입니다. 선수의 팔 힘은 저절로 생겨나지 않습니다. 많은 영양분을 섭취하였기 때문입니다. 복잡하겠지만 영양분이 만들어지는 것에도 여러 가지 원인이 있습니다.

그렇게 원인을 소급 추적하다 보면 마침내는 스스로 움직이면서 다른 것을 움직이는 첫 번째 운동인을 만날 수 있게 됩니다. 만일 이 첫 번째 운동인이 없다면 그 소급 과정은 영원할 수밖에 없고, 그 야구공은 결코 날아갈 수 없을 것입니다.

토마스 아퀴나스 성인은 이 외에도 목적인으로서 하느님을 증명합니다. 우리가 의도적으로 목적을 향해 움직이지만, 우리가 의도하지도 않고, 때로는 우리가 알 수 없는 목표를 향해 살아가고 있음을 지적합니다. 가수 송창식 씨의 노래에 "새는 날아가는 의미도 모르면서 자꾸만 날아만 간다. …… 새는 노래하는 의미도 모르면서 자꾸만 노래를 한다."는 가사가 있습니다. 그렇다고 비상에 목적이 없는 것이 아닙니다. 노래에 의미가 없는 것이 아닙니다. '살아가는 의미도 모르면서 살아가는 인간'에게 그 의미와 목적을 상기시키는 것이 그 노래 가사의 본뜻이라 여겨집니다.

우리는 모르지만, 우리는 알 수 없지만, 그 목표가 있습니다. 마치 화살은 자신이 어디를 향해 날아가는지 알지 못하는 것과 같다고 하겠습니다. 그러나 궁수에 의해 과녁이라는 목표를 향해 가는 것입니다. 우리의 목표 또한 우리는 비록 알 수 없지만, 그분에 의해 과녁을 향해 나아가는 것만은 틀림없을 것입니다.

토마스 아퀴나스 성인은 다른 것에 의해 존재하는 우연유와 달리 존재해야만 하는 필연유, 그리고 온갖 만물의 진선미의 기준으로서 최고 선, 최고 미, 최고 진리로서 하느님의 존재를 강조합니다. 그런 기준 없이는 아름다움도 선도 말할 수 없다는 것입니다.

철학자 칸트(E. Kant)는 토마스 아퀴나스 성인의 원인결과론에 바탕을 둔 '우주론적 증명'을 거부했습니다. 원인결과론이란 이 세상에서 적용되는 것이지 초월적 세계에서는 적용될 수 없는 것이라고 주장했습니다. 그런데 누가 압니까? 초월적 세계에서 원인결과론이 적용되는지 안 되는지를.

우리 시대에 무신론자로 유명했던 앤터니 플루는 '어디건 논증이 이끄는 곳으로 따라가야 한다'는 소크라테스의 철학적 원칙을 따라 하느님의 존재를 받아들이지 못했습니다. 그러나 '증거를 따라 가면 결정적으로 신에 이르게 된다'는 결론을 얻어 냈습니다.

그가 하느님의 존재 증명으로 받아들인 것은 바로 DNA의 신비였습니다.

"예. 그렇습니다. 제가 그렇게 생각하게 된 것은 …… 거의 전적으로 DNA 연구의 결과 때문입니다. DNA 연구의 가장 큰 성과는 (생명을) 만들어 내는 데 필요하며 믿을 수 없을 만큼 복잡한 DNA 배열을 보여 줌으로써 다양한 요소들이 함께 작용하게 만드는 일에 지성이 틀림없이 개입했음을 보여 준 것이라 생각합니다.

엄청 많은 복잡한 요소들이 아주 미묘한 방식으로 협력합니다. 이 두 요소가 우연히 정확한 시기에 맞아떨어질 가능성은 참으로 희박합니다. 엄청난 복잡성으로 이루어진 그 결과는 제게 지성의 작품으로 보였습니다."(앤터니 플루, 《존재하는 신》, 90쪽)

앤터니 플루는 결론짓습니다.

"지구에서 볼 수 있는 '목표 지향적이고 자기 복제하는' 생명의 기원을 설명해 내는 만족스러운 대안은 무한한 지성을 갖춘 정신 하나뿐이다."(같은 책, 139쪽)

이외에도 많은 증명이 있습니다. 윌리엄 페일리(W. Paley)의 '목적성에 의한 논증', 테난트(F. R. Tennant)의 '확률'에 근거한 논증, 뉴만 추기경(J. H. Card. Newman)을 비롯한 일부 학자들의 '양심'이나 도덕적 가치를 근거로 한 '도덕적 논증', 그리고 '특별한 체험, 곧 기적이나 영적 체험을 근거로 한 논증'들이 있습니다.

그렇습니다. 하느님의 존재는 증명할 수 있습니다. 그러나 그 증명을 받아들이는 것은 사람에 따라 다릅니다. 하느님의 존재를 받아들이는 것은 이성보다도 믿음입니다. 하느님은 이성의 대상이라기보다 믿음의 대상이기 때문입니다. 이성은 타고난 지성적 능력에 따라 사람마다 차이가 있습니다. 그러나 믿음은 누구에게나, 잘생긴 사람이나 못생긴 사람이나, 남자나 여자나, 많이 배운 사람이나 적게 배운 사람이나 모두에게 공평합니다.

　우리나라 순교 선조들의 모습을 보면 믿음이 얼마나 공평한지가 잘 드러납니다. 103위 성인들의 신분에서 잘 드러납니다. 거기에는 남녀노소의 차이도, 빈부귀천의 신분 차이도 없었습니다. 성직자 평신도의 구분도 없었습니다. 13세의 유대철 베드로라는 소년에서부터 66세의 허계임 막달레나 할머니까지 있었고, 남종삼 요한처럼 고위 관리가 있었는가 하면 정철염 카타리나처럼 하녀 신분의 순교자가 있었습니다. 프랑스의 다블뤼 안토니오 주교님이 계신가 하면, 조신철 카롤로와 같은 복사 출신, 권득인 베드로와 같은 성물공도 있었습니다. 동정녀, 과부, 궁녀가 있었는가 하면, 악기공, 성물공, 군인, 상인, 역관, 직업도 다양했습니다. 하느님을 믿는 신앙에서는 모두가 평등했습니다. 그들은 하느님 앞에서 모두 동등한 하느님의 자녀라는 생각으로 함께 모였고 함께 기도하였던 우리나라 초대 교회 신자들이었습니다.

　믿음은 하느님과의 관계에서 중요합니다. 사실 믿음은 인간들 사이에서도 중요합니다. 부부 사이에 믿음이 없으면 더 이상 부부가 아닙니다. 한 지붕 아래 두 사람일 뿐입니다. 친구 사이에 믿음이 없으면 더 이상 친구일 수 없습니다. 상인들에게도 가장 중요한 것이 신용입니다. 거상들에게는 항상 믿음이 있었습니다. 상도를 잃은 오늘날의 상업 사회에서도 믿음이 절실한 실정입니다. 우리는 다른 사람이 믿어 주기를 바라고 있습니다. 부모는 자녀들이, 자녀들은 부모들이 믿어 주기를 바랍니다. 아내는 남편이, 남편은 아내가 믿어 주기를 바랍니다. 하느님도 그렇습니다.

그래서 바오로 사도는 강조합니다.

"여러분은 모두 그리스도 예수님 안에서 믿음으로 하느님의 자녀가 되었습니다."(갈라 3,26)

"약속은 믿음에 따라 이루어지고 은총으로 주어집니다."(로마 4,16)

"마음으로 믿어 의로움을 얻고, 입으로 고백하여 구원을 얻습니다."(로마 10,10)

하느님의 존재를 증명할 수는 있지만, 그 증명을 받아들이는 것은 믿음입니다. 일찍이 예수님을 십자가에 못 박은 자들도 예수님께 증명을 요구하였습니다.

"우리가 보고 믿게, 이스라엘의 임금 메시아는 지금 십자가에서 내려와 보시지."(마르 15,32)

그들은 하느님의 아들이라는 것을 십자가에서 내려오는 일로 증명해 보이라고 요구하였습니다. 예수님은 십자가에 달려 돌아가심으로써 증명하셨습니다. 예수님은 비유 말씀을 통해서 기적적인 증명조차도 하느님의 존재나 사후세계를 받아들이지 않는 사람에게는 의미가 없다는 점을 밝히신 바 있습니다. '부자와 라자로'의 비유

(루카 16,19-31)입니다.

부자는 아브라함에게 청합니다.

"그렇다면 할아버지, 제발 라자로를 제 아버지 집으로 보내 주십시오. 저에게 다섯 형제가 있는데, 라자로가 그들에게 경고하여 그들만은 이 고통스러운 곳에 오지 않게 해 주십시오."

죽었다가 다시 살아난 사람의 말이라면 그 기적을 보고 믿을 것이라 여겼습니다. 그런데 아브라함의 답변은 의외였습니다. 사실 예수님이 아브라함이라는 인물의 입을 빌려 하시는 말씀입니다.

"그들에게는 모세와 예언자들이 있으니 그들의 말을 들어야 한다."

부자가 죽은 이들 가운데서 누가 가야만 회개할 것이라고 강요하자, 명확하게 답변하십니다.

"그들이 모세와 예언자들의 말을 듣지 않으면, 죽은 이들 가운데에서 누가 다시 살아나도 믿지 않을 것이다."

믿고 싶지 않은 사람은 어떤 증명도 받아들일 수 없습니다.

안셀모 성인을 비롯한 중세 철학자들이 즐겨 사용했던 표현은 아직도 우리에게도 유효합니다.

"믿기 위해서는 이해가 필요하고, 이해하기 위해서는 믿어야 한다."

신은 왜 자신의 존재를 똑똑히 드러내 보이지 않는가

"너희는 듣고 또 들어도 깨닫지 못하고 보고 또 보아도 알아보지 못하리라. 저 백성의 마음은 무디고 귀로는 제대로 듣지 못하며 눈은 감았기 때문이다."(마태13,14-15)

고 이병철 회장의 첫 번째 질문의 둘째 부분입니다. 이 질문은 하느님이 자신의 존재를 드러내 보이고 있다고 여기는 사람의 질문으로 생각됩니다. 다만 그것을 읽어 내기가 분명하지 않다는 뉘앙스가 느껴집니다. 과연 어떻게 드러내야만 똑똑히 드러내는 것일까요? 이는 그것을 보는 사람들의 입장과도 관련이 있습니다.

많은 사람들이 기적을 통해서 하느님이 자신을 증명해 줄 수 있다고 기대하는 것 같습니다. 그런 의미에서 성경의 기록에 따르면,

많은 유다인들은 기적을 요구하였습니다. 그런 기적을 통해서 하느님을 믿을 수 있는 것처럼 말했습니다. 오늘날에도 하느님의 존재를 확인하기 위해서 기적을 요구하는 현대인들이 적지 않습니다.

과거 한때 기적을 '신학의 귀염둥이'라고 여겼습니다. 기적이 하느님의 존재를 드러내 준다고 생각했고, 그 기적은 사람들로 하여금 하느님을 믿게 해 줄 수 있다고 여겼기 때문입니다. 현대 신학은 기적을 '신학의 문제아'로 취급합니다. 현대인은 기적을 믿지 않는 까닭입니다. 더 나아가 기적에 관한 성경의 언급들을 비판합니다.

C. J. 루이스는 기적이란 "전 세계에 너무나 큰 글씨로 적혀 있어 일부 사람들은 보지 못하는 이야기를 작은 글씨로 다시 들려주는 일"이라 풀이합니다. 예컨대 하느님께서 포도나무를 창조하시고, 그것이 뿌리로 물을 빨아올린 후 태양의 도움에 힘입어 그 물을 과즙으로 바꾸십니다. 그런데 예수님께서 카나의 혼인 잔치에서 물을 포도주로 바꾸시면서 그 사실을 알려 주신다는 것입니다. 그것은 바커스라는 신이 한 것이 아니라 아버지 하느님께서 노아 시대부터 해 오신 일이라는 사실을 깨닫게 해 준다는 것입니다. 포도주가 본래 물을 빨아들여 포도라는 과즙의 과정을 통하여 만들어지는 것이라는 사실을 알려 준다는 것입니다.

예수님의 빵의 기적도 다르지 않습니다. 해마다 하느님께서는 소량의 곡식으로 많은 곡식을 만드십니다. 얼마 되지 않는 작은 씨로 많은 곡식과 열매를 맺어 많은 사람들이 먹고도 남게 하십니다.

몇 개의 빵을 가지고 많은 빵을 만들어 많은 사람들이 먹고도 남게 하신 예수님의 기적은 바로 '가문의 스타일'이라는 것입니다. 늘 그런 일이 곡물의 신이나 대지의 여신인 가이아에 의해서가 아니라 바로 아버지 하느님 때문에 이루어지는 일이라는 사실을 보여 준다는 것입니다. 결국 '하느님은 존재하신다.' '하느님은 위대하시다.'라는 사실을 보여 주는 기적이 날마다 이루어지고 있지만 우리가 보지 못한다는 것입니다.

예수님은 작은 글씨로 써서 우리로 하여금 그것을 알아보게 하시는 것입니다. 우리가 큰 글씨로 적혀 있는 것도 잘 알아보지 못하는 데 문제가 있습니다. 사실 우리가 보는 데에는 한계가 있습니다. 우리의 시력이 2.0이면 대단히 좋다고 말합니다. 아무것도 보지 못하는 소경들도 있습니다. 아무리 시력이 좋다 해도 멀리 있는 것을 알아보지 못합니다. 아주 먼 것을 보기 위해서는 망원경이 필요합니다. 그리고 아주 작은 것도 보지 못합니다. 아주 작은 것은 현미경을 이용해야 합니다. 그런데 아이러니컬하게도 볼 수 없는 사람이 더 잘 보는 경우도 있습니다. 헬렌 켈러의 《사흘만 볼 수 있다면》이라는 책을 읽은 적이 있습니다. 헬렌 켈러는 볼 수 있기 때문에 보지 못하는 우리의 모습을 잘 지적해 줍니다.

"들을 수 있다는 게 얼마나 고마운지 아는 사람은 귀머거리뿐입니다. 볼 수 있다는 것만으로도 얼마나 다채로운 축복을 누릴 수 있는지는 소경밖에 모릅니다. …… 얼마 전 친한 친구를 만났는데 그

친구는 마침 숲속을 오랫동안 산책하고 돌아오는 참이었습니다. 나는 무엇을 보았느냐고 물었습니다. '별거 없어.'라고 대답했습니다. 어떻게 한 시간 동안이나 숲 속을 거닐면서도 눈에 띄는 것을 하나도 보지 못할 수가 있을까요? 나는 앞을 볼 수 없기에 다만 촉감만으로 흥미로운 일들을 수백 가지나 찾아낼 수 있는데 말입니다."

우리가 볼 수 있다는 사실에 얼마나 빈틈이 많은지 《열하일기》에서 연암 박지원 선생님이 지적해 줍니다. 요술쟁이의 신비한 요술을 보고 나서 쓴 글입니다. '비록 요술을 잘하는 자가 있더라도 소경은 눈속임하기가 어려울 테니, 눈이란 과연 믿을 만한 것일까요?'라는 질문을 던지면서, 화담 서경덕이 만난 소경의 이야기를 전해 줍니다.

"제가 세 살에 소경이 되어 바야흐로 40년이 되었습니다. 이전에는 걸음을 걸을 땐 발에 의지해서, 물건을 잡을 땐 손에 의지해서 보았습니다. 목소리를 들어 누구인지를 분별할 때는 귀에 의지해서 보았고, 냄새를 맡아 무슨 물건인지 살필 때에는 코에 의지해서 보았습니다.

다른 사람들은 두 눈만 가졌지만 나는 팔과 다리, 코와 귀 모두 눈이 아닌 것이 없었습니다. 어디 다만 팔과 다리와 귀와 코뿐이었겠습니까? 날이 이르고 늦은 것은 낮의 피로함으로 보고 물건의 형용과 빛깔은 밤의 꿈으로 보아서, 아무런 장애도 없었고 의심과 혼란도 없었습니다.

소경의 눈을 뜨게 해 주신 예수님
엘 그레코(El Greco, 1541-1614), 고전 거장 미술관, 드레스덴, 독일

한데 아까 길을 걸어오다가 홀연히 두 눈이 맑아지고 동자가 저절로 열려 눈을 뜨고 보니 천지는 드넓고 산천은 마구 뒤섞이어 만물이 눈을 가리고 온갖 의심이 마음을 막게 되었습니다. 팔과 다리와 귀와 코는 뒤죽박죽 착각을 일으켜 온통 이전의 일상을 잃어버리고 말았습니다. 급기야 살던 집까지 잊어버려 돌아갈 방법이 없는지라 이렇게 울고 있습니다."

오늘날 마술에서도 마술사가 눈속임을 하는 것이 아니라 실은 구경꾼들이 스스로 속는 것일 뿐입니다. 마술이 진짜 현실이라면 그들은 마술을 하지 않을 것입니다. 그들은 얼마든지 돈을 만들 수 있고, 부풀릴 수 있고, 그래서 그들에게는 하지 못할 것이 없기 때문에 무대에 나서서 다른 사람에게 무엇인가를 보여 주는 사람으로 무대에 어릿광대로 나설 이유가 없기 때문입니다.

우리는 눈으로만이 아니라 온 마음으로, 온 몸으로 보아야 합니다. 그렇게 해서 하느님께서 똑똑히 자신을 드러내는 것을 보는 사람이 있고, 또 불행하게도 보지 못하는 사람이 있습니다.

시편 저자는 우주 만물을 보면서, 자연의 풀 한 포기와 꽃 한 송이를 보면서 하느님의 존재를 보았습니다. 안셀모 성인은 개념을 통해서 보았습니다. 토마스 아퀴나스는 우주 만물을 보면서 제1 원인으로 하느님의 존재를 확실하게 보았습니다.

프랜시스 콜린스는 DNA를 연구하면서 게놈 프로젝트를 통해 하느님의 언어를 읽을 수 있었습니다.

"오늘은 전 세계에 경사스러운 날입니다. 지금까지 오직 하느님만이 알고 있던 몸의 설계도를 처음으로 우리가 직접 들여다보았다는 사실에 저는 겸허함과 경외감을 느낍니다."

최근 앤터니 플루 역시 하느님께서 자신을 똑똑히 드러내신 것을 DNA를 통해서 보았습니다. 그렇게 대단한 구조가 그저 우연이 아니라 대단한 지성적 존재를 필요로 한다는 것을 보았습니다.

"예. 그렇습니다. 제가 그렇게 생각하게 된 것은 …… 거의 전적으로 DNA 연구의 결과 때문입니다. DNA 연구의 가장 큰 성과는 (생명을) 만들어 내는 데 필요하며 믿을 수 없을 만큼 복잡한 DNA 배열을 보여 줌으로써 엄청나게 다양한 요소들이 함께 작용하게 만드는 일에 지성이 틀림없이 개입했음을 보여 준 것이라 생각합니다. 엄청나게 많은 복잡한 요소들이 아주 미묘한 방식으로 협력합니다. 이 두 요소가 우연히 정확한 시기에 맞아떨어질 가능성은 참으로 희박합니다. 엄청난 복잡성으로 이루어진 그 결과는 제게 지성의 작품으로 보였습니다."

보지 못하고 있는 사람들이 있습니다. 하느님을 믿는 사람들의 악한 행위에 가려서. 하느님을 보지 못하고 있습니다. 《만들어진 신》의 저자 리처드 도킨스가 그렇습니다.

"종교의 이름으로 자행되는 사악한 행위를 우려하는 사람이 많은 것이다. …… 존 레넌의 노랫말처럼, '상상해 보라, 종교 없는 세상을.' 자살 폭파범도 없고, 911 사건도, 런던 폭탄 테러도, 십자군도, 마녀 사냥도, 화약 음모 사건도, 인도 분할도, 이스라엘과 팔레스타인의 전쟁도, 세르비아와 크로아티아와 보스니아에서 벌어진 대량 학살도, 유다인을 '예수 살인자'라고 박해한 것도, 북아일랜드 분쟁도, 머리에 기름을 바르고 번들거리는 양복을 빼입은 채 텔레비전에 나와 순진한 사람들의 돈을 우려먹는 복음 전도사도 없다고 상상해 보라. 고대 석상을 폭파하는 탈레반도, 신성 모독자에 대한 공개 처형도, 속살을 살짝 보였다는 죄로 여성에게 채찍질을 가하는 행위도 없다고 생각해 보라. ······"

그들은 하느님을 자기 마음대로 생각해서 그 하느님의 이름으로 전쟁과 폭력을 행사하는 종교인들에게 질려 있는 것입니다. 하느님을 아전인수 격으로 해석해서 다른 사람을 미워하고 죽이는 종교인들에 대해 질려 제대로 보지 못한 것입니다.

《신은 위대하지 않다》의 저자 크리스토퍼 히친스도 그렇습니다.

"순전히 B라는 글자만 이용하더라도, 나는 벨파스트, 베이루트, 봄베이, 벨그라드, 베들레헴, 바그다드에서 실제로 그런 경험을 한 적이 있다. ······ 벨파스트에서 나는 여러 그리스도교 교파들 사이의 분리주의 싸움 때문에 도시 곳곳이 불에 탄 것을 보았으며, 순전히 교파가 다르다는 이유만으로 다른 교파의 결사대에게 납치되어 살해되거나 고문을 당한 사람들의 친척과 친구들을 인터뷰했다. ······ 1975년 여름에 내가 베이루트를 처음 보았을 때만 해도 '동방의 파리'다운 모습이 아직 남아 있었다. 하지만 겉으로는 에덴 동산처럼 보이던 이 도시에는 사실 다양한 종류의 뱀들이 우글거리고 있었다. 이 도시는 지나치게 많은 종교 때문에 몸살을 앓고 있었다. …… 1947-1948년에 봄베이에서 종파 간에 싸움이 벌어진 것은 사실이다. 그 종교적 유혈 사태 때문에 봄베이에서 쫓겨나거나 도망친 사람도 많았다. …… 1990년대에 힌두교도가 봄베이를 다스려야 한다는 결론을 내리고 폭력단과 깡패들을 거리에 풀어 놓았다. 그리고 순전히 자신의 능력을 증명하기 위해 도시의 이름을 '뭄바이'로 바꾸라는 지시를 내렸다.……"

그가 400쪽에 해당되는 글에 계속 열거한 것들은 이처럼 종교가 저지르고 있는 죄악과 사악함입니다. 그 죄악과 사악함에 가려 어떻게 하느님을 볼 수 있겠습니까?

무신론자였던 저널리스트 페터 제발트가 교황님을 추기경 시절부터 인터뷰한 적이 있습니다. 최근까지 세 번이나 됩니다. 첫 번째 인터뷰를 책으로 낸 것이 《이 땅의 소금》(1999년)입니다. 두 번째 인터뷰는 《하느님과 세상》(2000년)이라는 책으로 나왔습니다. 그리고 교황으로서 인터뷰를 한 것이 《세상의 빛》(2010년)이라는 책으로 나왔습니다.

두 번째 인터뷰에서 페터 제발트는 다음과 같은 질문을 하였습니다.

"저의 어린 아들이 '아빠, 하느님은 어떻게 생기셨어요?'라고 묻곤 하는데요."

그러자 당시 추기경이셨던 교황님은 다음과 같이 대답하셨습니다.

"저라면 이렇게 대답하겠습니다. '예수 그리스도를 통해 알게 된 그대로 하느님 모습을 상상하면 된다.'고 말입니다. 그리스도께서 이런 말씀을 하지 않으셨습니까? '나를 보는 것이 곧 하느님 아버지를 뵙는 것이다.'"

그렇습니다. 하느님은 예수 그리스도를 통하여 당신 자신을 드러내셨습니다. 복음사가가 얼마만큼 정확하게 사실적으로 예수 그리스도를 전해 주는지는 또 공부해야겠지만, 적어도 복음서는 예수 그리스도가 누구이시고 어떤 분이신지를 알려 주고 있습니다.

그러므로 우리는 "신은 왜 자신의 존재를 똑똑히 드러내 보이지 않는가?"라는 질문에 답을 할 수 있습니다.

"하느님은 당신 자신의 존재를 똑똑하게 드러내 보이십니다. 당신의 아드님 예수 그리스도를 통해서. 그 모습은 복음을 통해서 볼 수 있습니다."

신은 우주 만물의 창조주라는데 무엇으로 증명할 수 있는가

> "사실 하느님께서 그것을 그들에게 명백히 드러내 주셨습니다. 세상이 창조된 때부터, 하느님의 보이지 않는 본성 곧 그분의 영원한 힘과 신성을 조물을 통하여 알아보고 깨달을 수 있게 되었습니다. 따라서 그들은 변명할 수가 없습니다."(로마 1,19-20)

고 이병철 회장의 두 번째 질문입니다. 많은 사람들이 궁금해 하는 것입니다. 정진석 추기경님은 《우주를 알면 하느님이 보인다》라는 책을 썼습니다. 제목을 보면서 하느님을 보는 일은 정말 어렵구나라는 생각을 했습니다. 왜냐하면 우주를 아는 일이 쉽지 않을 것 같기 때문입니다.

저는 개인적으로 우주에 관해서 관심이 있는 편입니다. 제 전공이 아니지만, 그래도 호기심 때문에, 저의 개인적 관심 때문에 언젠가는 읽게 되리라는 마음에서 사 놓은 책들이 제법 됩니다. 칼 세이건의 《에필로그》, 스티븐 와인버그의 《최초 3분》, 여러 작가들이 함께 쓴 《과학, 우주에서 마음까지》, 윌리엄 H. 쇼어가 엮은 《21세기 다윈 혁명》, 《생명과 우주의 신비》, 프란츠 부케티츠의 《진화는 진화한다》, 데이비드 솔론 윌슨의 《진화론의 유혹》 등.

저의 짧은 지식으로 우주는 137억 년 전 소위 '빅뱅' 사건으로 말미암아 시작되었다고 알고 있습니다. 몇 년 전까지만 해도 120억 년 전 또는 150억 년 전, 200억 년 전 등 그 설이 여러 가지였습니다. 최근 137억 년 전으로 합의가 된 것 같습니다. 빛의 속도로 위로, 아래로, 옆으로, 뒤로, 사방으로 펼쳐졌으니 우주 공간은 274억 광년의 거리로 펼쳐져 있다고 말할 수 있을 것입니다. 빛은 사방으로 퍼졌으니 반지름이 137억 광년이 될 테고, 지름은 그 두 배가 되는 만큼 274억 광년의 거리가 되는 셈입니다.

C. S. 루이스의 글을 읽고 밤하늘을 봅니다. 어둠 속에 별들이 희미하게 여기저기 있습니다. 지상의 불빛이 적고 공기가 맑은 곳에서는 별들이 찬란하게 빛나겠지만, 그래도 그 광활한 우주의 대부분은 어둠입니다. 아마도 99.9%는 어둠일 것입니다. 태양처럼 빛을 스스로 내는 별들을 항성이라고 말합니다. 항성들은 많지 않습니다. 물론 태양보다 더 밝은 별도 있습니다. 시리우스나 북극성처럼 거리가 멀어서 그렇지 태양보다 더 밝은 빛을 비추는 별들이 있습니다. 그렇다 해도 우주 대부분은 캄캄한 어둠으로 덮여 있는 공간입니다.

지구가 있는 이 태양계도 1000억 개의 항성들로 이루어진 이 성단의 중심이 아니라 변두리에 위치해 있습니다. 이 태양계가 그 중심을 축으로 한 바퀴 도는 데 2억 3000만 년이 걸린다고 합니다. 5억 광년 거리의 반지름으로 형성된 우리 성단의 2.8억 광년의 거리쯤에 위치한다고 합니다. 한 구석에 위치해 있지만, 그래도 태양계는 태양으로 말미암아 어둠을 밝히고 있습니다. 태양과 가장 적당한 거리에 있는 이 지구는 사람이 살 만한 환경을 이루고 있습니다.

태양에 가까운 수성이나 금성은 너무 뜨거워서 사람이 살 수 없고, 화성이나 목성이나 토성은 태양과 너무 멀어서 추워서 살 수가 없습니다. 태양계에서 생물이 살 수 있는 곳은 이 지구밖에 없습니다. 열심히 우주선을 발사해서 생물이 살 수 있는 곳을 알아보고 있는 중입니다만, 아직 찾아내지 못했습니다.

1000억 개의 별 무리들이 이루고 있는 성단들이 1000억 개 정도 펼쳐져 있다니, 혹시 수백억 광년 저 멀리 어느 곳에 지구와 같은 환경을 지니고 있는 별이 하나쯤 더 있지 않을까 생각해 볼 수 있습니다. 그래서 과학자들은 우주 저 멀리 신호를 보내고 있습니다. 인간처럼 지성을 지닌 어떤 존재들이 또 다른 언어를 지니고 있지만 뭔가 지성적인 존재이면 서로 소통할 수 있지 않을까 하고 기대하고 있습니다.

정말 놀라운 일입니다. 아니 까무러칠 일입니다. 이 광대한 우주에서 이 지구는 어쩌면 한강 백사장의 수많은 모래알 가운데 하나에 불과한 존재라는 비유가 틀리지 않을 것입니다. 아니, 이렇게 어마어마한 우주를 만드신 하느님께서 보잘것없는 지구, 그리고 그 지구에서도 점 하나에 지나지 않은 작은 인간들을 창조하시고 돌보시고 사랑하신다는 일 자체가 믿기 어렵습니다. 우주를 알면 하느님을 알 수 있는 것이 아니라, 우주를 알면 하느님을 믿기가 더 어려워질듯 합니다.

그럼에도 하느님이 우주를 창조하시고 또 인간을 창조하셨다면, 정말 대단한 일입니다. 창세기가 표현한 대로, "한처음에 하느님께서 하늘과 땅을 창조하시며 '빛이 생겨라.' 하시자 빛이 생기고, 당신의 모습으로 사람을 창조하셨다."(창세 1,1-27 참조)면 정말 놀라운 일입니다. 시편 작가의 외침이 그냥 있는 게 아닐 것입니다.

"우러러 당신의 하늘을 바라봅니다. 당신 손가락의 작품들을 당신께서 굳건히 세우신 달과 별들을. 인간이 무엇이기에 이토록 기억해 주십니까? 사람이 무엇이기에 이토록 돌보아 주십니까?"(시편 8,4-5)

우리는 우주의 크기에 놀라지만, 우주의 정교한 운행을 알면 더욱 놀라게 됩니다. 중력의 법칙을 따라 지구를 비롯한 행성들은 태양을 중심으로 부지런히 돌고 있습니다. 그 사이로 혜성이 궤도를 침범합니다. 하늘에서는 수많은 별들이 죽고 다시 태어납니다. 죽어가는 별똥별들이 수도 없이 많습니다. 지구를 향해 날아오는 운석들도 수없이 많습니다. 목성은 지구 저 멀리에서 일정한 궤도를 돌면서 지구를 향해 오는 운석들을 막아 주는 방패 노릇을 하고 있습니다. 그렇지 않으면 지구는 벌써 산산조각이 났을 것입니다.

지구는 궤도를 따라 봄, 여름, 가을, 겨울의 계절을 맞이합니다. 그에 따라 꽃이 피고 집니다. 해마다 나무의 나이테가 생겨납니다. 그런 걸 그저 우연이라고, 자연이라고, 저절로라고 생각하기엔 너무 정교합니다. 마치 시계가 저절로 움직인다고 말하는 것과 다르지 않습니다.

일찍이 실학을 살려고 했던 정약종은 그의 저서 《주교요지》에서 혜안으로 말하고 있습니다.

"온갖 것이 지각과 손발이 있어야 능히 움직이고, 지각이 없으면 움직이지 못하니, 사람과 짐승은 지각이 있기에 움직이고, 흙과 돌은 지각이 없기에 움직이지 못하니, 그중에 지각이 없고도 움직이는 것은 반드시 지각 있는 이가 잡고 흔들어야 움직이므로, 흙과 돌은 지각이 없어도 지각이 있는 사람이 굴리면 움직이고, 물레와 수레는 지각이 없어도 지각 있는 사람이 잡고 돌리면 움직이니, 저 하늘과 해와 달과 모든 별이 귀와 눈이 없고, 손과 발이 없고, 혼과 지각이 없는데, 능히 날마다 움직여 돌아가고, 또 돌아가되 일정한 법이 있어 봄, 여름, 가을, 겨울이 차례로 돌아오고, 밤과 낮, 덥고 추움이 고르게 나누어져서 천백 년이 되도록 그 돌아가는 도수가 털끝만큼도 틀리지 않으니, 지각없는 것이 어찌 스스로 돌아가며, 돌아간들 어찌 절로 도수에 맞으리오. 분명히 지극히 신명하고 지극히 능한 이가 잡고 돌려야 돌아갈 것이니, 이 돌아가게 하시는 이는 곧 천주이시니, 그러므로 물레와 수레가 돌아감을 보면, 저 하늘도 천주가 계셔서 돌리시는 줄을 알 것이라."

소우주라 불리는 우리 인간의 몸을 살펴보면, 역시 기가 막히지 않을 수 없습니다. 60조 개의 세포로 형성된 인간의 몸입니다. 9만 6000킬로미터에 달하는 핏줄이 있습니다. 300억 개의 신경세포가 있습니다. 전 세계 전화 교신량보다 많다고 합니다. 전달 속도는 시속 460킬로미터라고 합니다.

1억 장을 겹쳐야 1센티미터가 될 수 있는 얇은 겉 피부를 가지고 있습니다. 그 얇은 피부로 몸의 불순물을 배출하고 외부의 균들의 침입을 막아 줍니다. 340그램 정도의 무게를 지닌 심장은 하루도 쉬지 않고 펌프질을 하며 피를 공급하고 우리를 살아가게 합니다.

인간의 세포를 구성하는 DNA는 다음 후손에게 자신의 모습과 성격을 전달해 줍니다. DNA에는 알파벳으로 표시될 수 있는 30억 개의 서열 정보를 가지고 있습니다. 암호 전체를 읽으려면 꼬박 31년 걸릴 양입니다. 이 DNA로 말미암아 인간이냐 침팬지냐가 결정됩니다. 인간에 속하는 서로 다른 개인을 비교해 볼 때 DNA 99.9%가 똑같다는 사실은 무서울 정도로 놀라운 일입니다.

게놈 프로젝트 연구를 지휘했던 프랜시스 S. 콜린스는 완성된 유전자 지도를 놓고 감탄하지 않을 수 없었습니다.

"오늘은 전 세계에 경사스러운 날입니다. 지금까지 오직 하느님만이 알고 있던 우리 몸의 설계도를 처음으로 우리가 직접 들여다 보았다는 사실에 저는 겸허함과 경외감을 느낍니다."

논증을 따라 무신론을 고집하던 앤터니 플루는 완성된 유전자 지도를 놓고 고백합니다. "과학 연구에 진지하게 참여하는 사람은 누구나 자연법칙이 인간보다 더없이 우월한 영, 그 앞에서 초월한 능력을 가진 우리가 겸손함을 느낄 수밖에 없는 영의 존재를 드러낸다고 확신하게 된다."

아주 오래전에 솔제니친이 쓴 글을 읽었습니다. 인간들이 달이나 화성을 탐사하기 위해 우주선을 만드는 대단한 일을 하고 있지만, 병아리 한 마리처럼 연약하지만 살아 있는 생명체를 만들 수 없다는 인간의 한계와 새 생명을 창조하시는 조물주를 찬양하는 글이었습니다.

분명 하느님은 세상에 당신이 존재하시고 당신이 창조하셨다는 흔적을 분명히 남겨두셨는데, 보는 사람에 따라 어떤 사람은 그것을 읽어내고 또 많은 사람은 그것을 보고도 제대로 읽지 못하기도 합니다.

그래서 우리에게는 C. J. 루이스의 말처럼 기적이 필요한지 모릅니다.

그런 일을 하느님은 이미 노아 시대부터 우리 시대까지 매년 반복하십니다. 물을 포도주로 바꾸고 계십니다. 바커스 신이나 디오니소스 신이 하는 것이 아니라, 하느님 아버지께서 그렇게 창조하신다는 사실입니다. 예수님은 카나의 혼인 잔치에서 물을 포도주로 변화시키시면서 바로 당신의 아버지 하느님께서 그렇게 하신다는 사실을 알려 주셨습니다.

매년 하느님은 소량의 곡식으로 많은 곡식을 만드십니다. 곡물의 신이나 가이아 여신이나 데메트리스 여신이 그렇게 한 것이 아니라 하느님 아버지께서 그렇게 창조하신 것이라는 점을 예수님께서 빵을 많게 하신 기적을 통해서 알려 주셨습니다. 유머러스하면서도 설득력이 있는 설명입니다.

하느님은 당신이 창조하신 세상에서 당신이 창조주이시라는 흔적을 드러내셨습니다. 창조 자체가 그 증명인 셈입니다. 아름다운 그림이 그 화가가 훌륭한 화가라는 것을 증명하는 것과 같습니다. 다만 그 흔적을 읽어 내는 것은 우리의 눈에 달려 있을 따름입니다. 아니, 우리 마음에 달려있습니다.